어른들을 위한 아스퍼거 증후군

SASATTO WAKARU 「OTONA NO ASUPERUGAA SHOKOGUN」
TONO SESSIKATA
ⓒNobumasa Kato 2009
All rights reserved.
Original Japanese edition published by KODANSHA LTD.
Korean translation rights arranged with KODANSHA LTD.
though Tony International.

이 책의 한국어판 저작권은 토니 인터내셔널을 통해 KODANSHA LTD.와의 독점계약으로 한결미디어에 있습니다. 저작권법에 의해 한국 내에서 보호를 받는 저작물이므로 무단전재와 무단복제를 금합니다.

어른들을 위한
아스퍼거 증후군

가토 노부마사 지음 | 김예니 옮김

한결미디어

머리말

아스퍼거 증후군(Asperger Syndrome)이라는 이름이 엄청난 기세로 떠오르고 있습니다. 지금으로부터 반년 전에 쇼와(昭和)대학 카라수야마(烏山)병원에서 '성인발달장애 외래'를 열자, 금세 예약이 꽉 차버려서 저는 그 사실을 다시 한번 실감하였습니다. 그러나, 한편으로는 그것이 어떤 '증후군'인지 아직 많은 사람들이 모르고 있는 것이 현실이 아닐까요. 특히 성인인 환자가 진료를 받으러 오는 정신건강의학과 현장에서 그 혼란은 상당한 것입니다.

정신건강의학과를 찾는 환자들은 어딘가 자신이 다른 사람들과 다르고 인간관계에서 왜 실패하는지를 알고 싶어서 진료를 받으러 오는데, '개성이니까 그대로 괜찮습니다', '치료법이 없습니다', '저희는 취급하지 않습니다'라고 문전박대 당하는 일이 많습니다.

자폐장애인이 처음으로 보고된 것은 약 60년 전 일이며, 아스퍼거 증후군이 알려진 지도 30년이 흘렀다. 특히 최근 10년 사이에 아스퍼거 증후군이 중요한 문제로 인식되고 있으며, 현재 뇌과학의 발전으로 아스퍼거 증후군은 새로운 치료의 가능성이 열리고 있다. 이제 아스퍼거 증후군의 완치도 결코 꿈이 아닌 것이라고 저는 생각합니다.

한편으로는 이 책을 세상에 내놓는 것에 큰 망설임이 있었습니다. 사회적으로 이 문제가 크게 취급되고 있는 점도 있어, 이 병에 대한 큰 편견이 자리잡고 있습니다. 인터넷 상으로는 헐뜯는 말이 넘쳐나고 있습니다. 그러한 가운데 '환자나 가족에게 이 문제를 잘 전달할 수 있을까', '지나치거나 부족함 없이 이해시키려면 어떻게 하면 좋을까'라는 많은 의문이 있었습니다. 그러나, 지금이야말로 '아스퍼거 증후군은 충분히 케어(care)가 가능하다'라는 것을 호소해야 하며, 그것이 사회의 인식을 바꾸고 제도의 정비로 이어지는 것이 아닐까라고 생각하게 되었습니다.

그러한 저의 생각을 강하게 지지해준 고단샤(講談社) 생활문화국의 오오츠카 아키오(大塚 明夫) 씨, 작가 이가라시 마야코(五十嵐 麻子) 씨의 도움 없이는 이 책이 나오지 못했을 것입니다. 또한 본원 스태프인 요코이 히데키(橫井 英樹) 씨, 이가라시 미키(五十嵐 美紀) 씨에게 많은 조언을 얻었습니다.

저희 병원의 낮병원을 근거지로 회복되어 가는 환자들을 볼 때마다 저도 매일 기운을 얻고 있습니다. 이 책은 이렇듯 병원에 오시는 많은 환자분들이 생활에서 겪는 어려움이 토대가 된 것입니다. 여러분들의 협력에 깊이 감사 드립니다.

2009년 1월
쇼와(昭和) 대학교수
가토 노부마사

추천사

– 서울대학교 소아청소년정신과 조수철 교수

이 책은 쇼와대학 의학부 정신의학교실 주임교수인 가토 노부마사에 의하여 출판된 책을 국립서울병원에서 청소년 정신과장으로 근무하고 있는 김예니 선생이 번역한 책이다.

이 책은 3장으로 되어 있는데, 제1장은 '아스퍼거 증후군인 성인은 이와 같은 어려움을 겪고 있다', 제2장은 '아스퍼거 증후군의 이해를 위하여', 제3장은 '사회에서 고립감을 심하게 느끼지 않기 위해서 할 수 있는 있는 일'이다.

제1장에서는 아스퍼거 증후군이 비단 어린 아이들에게만 나타나는 병이 아니라 성인기에서도 관찰되는 병이라는 점이 특히 강조되고 있다. 또한 아스퍼거 증후군 성인들이 힘들어 하는 점, 아스퍼거 증후군이 다른 질환들 예를 들면 자폐장애, 고기능 자폐장애, 강박장애, 조현병(구: 정신분열증) 등과 어떻게 구별될 수 있는가 하는 점이 친절하게 기술되어 있다.

제2장에서는 아스퍼거 증후군의 원인과 치료에 대하여 다루고 있다. 유전적인 요인, 유전과 환경간의 상호작용, 뇌기능의 특징, 옥시토신이라는 호로몬과의 관계 등에 대하여 다르고 있다. 제목은 아주

무거우나, 내용은 일반인들이 이해할 수 있게 쉽게 설명하고 있다. 또한 아스퍼거 증후군의 치료에 대하여도 일부 다루고 있다. 약물치료, 낮병원에서의 치료방법 등에 대하여 다루고 있다.

제3장에서는 '일상생활에서 아스퍼거 증후군 성인들을 어떻게 도와줄 수있는가?'에 대하여 기술하고 있다. 복장, 대화하는 방법 등을 다루고 사회 전체가 아스퍼거 증후군 성인에 대하여 효과적으로 도와줄 수 있는 방법에 대하여 논하고 있다.

최근 들어 아스퍼거 증후군 아동에 대한 관심이 고조되고 있고 이와 함께 아스퍼거 증후군 성인에 대한 관심도 고조되고 있다. 특히 성인인 경우에는 어떻게 이해하고 어떻게 도와줄 수 있는가에 대하여는 일관된 방법이 없는 상황이다. 이러한 시점에서 이 책은 아스퍼거 증후군 성인에 대한 이해를 높여주고 효과적으로 도움을 주는 방법을 다각도로 다루고 있다는 점에서 일반인들뿐만 아니라 아스퍼거 증후군 성인을 다루고 있는 치료자들에게도 아주 유익한 책으로 판단된다. 특히 다양한 그림을 사용하여 설명함으로써 독자로 하여금 흥미를 불러일으키고 있느 점은 큰 강점이라고 하겠다.

목차

서론 | 4
추천사 | 6

제1장
아스퍼거 증후군 성인은 다음과 같은 어려움을 겪고 있다

성인 아스퍼거 증후군 ~나, 이런 일로 힘들어하고 있어요 | 14
어딘지 모르게 '이상한' 어른들, '아스퍼거 증후군'이란? | 16
요즘, '성인' 아스퍼거 증후군이 증가하고 있다? | 18
발달장애는 '아이들만의 병'이 아니다? | 20
'오진' 받기 쉬운 '성인 아스퍼거 증후군' | 22
'자폐 스펙트럼장애'란 것은 무엇입니까? | 24
'진단 기준'을 전부 충족시키지 못 할 경우, 아스퍼거 증후군이라고 할 수 있을까? | 26
아스퍼거 증후군과 혼동하기 쉬운 '조현병(구: 정신분열증)'이란? | 28
질환은 아스퍼거 증후군? '강박장애'와의 관계성 | 30
'아스퍼거 증후군'인 사람은 '어렸을 때'도 어려움이 있었다? | 32
대화가 잘 되지 않는 것은 '말의 숨은 뜻을 읽을 수 없기' 때문 | 34

사물을 '전체'적으로 파악하기가 어렵다 | 36
'동시 진행'이 필요한 작업은 어렵다 | 38
'대인관계'가 중요한 일은 어려워하는 경향이 있다 | 40
모든 소리가 귀에 들어오기 때문에 '선택적 주의 집중'을 할 수 없다 | 42
'예상 밖'의 일이나 예정이 생기면 당황한다 | 44
'표정 인지'를 할 수 없기 때문에, 인간 관계가 서먹서먹해진다 | 46
본인은 '사는 것이 힘들다고' 느끼고 '괴로운 마음'이다 | 48
'우울증'이나 '불안장애' 등 '이차 장애'를 일으키는 경우도 | 50

제2장
아스퍼거 증후군의 이해를 위하여

성인 아스퍼거 증후군을 '진단해주는' 곳은 '어느 과'? | 54
발병의 원인은 '유전'? '부모의 양육 방식'? | 56
원인은 유전? 환경? '에피제네틱스(epigenetics)' 견해 | 58
뇌과학으로부터 생각하는 아스퍼거 증후군과 '미러뉴론'과의 관계 | 60
아스퍼거 증후군의 '삶의 어려움'의 원인을 '뇌영상 검사'로 알 수 있나? | 62
아스퍼거 증후군인 사람 특유의 '뇌의 활동방식'이란? | 64

아스퍼거 증후군 치료의 열쇠 '옥시토신'이란? | 66

'신뢰호르몬'이라고 불리고 있는 '옥시토신'이란 어떠한 것? | 68

'옥시토신'과 '아스퍼거 증후군'의 관계 | 70

앞으로의 '옥시토신 연구'에 대한 '기대' | 72

아스퍼거 증후군과 '외상후 스트레스장애'와의 유사점 | 74

성인 아스퍼거 증후군은 어떻게 치료하나요? | 76

'낮병원'에서는 주로 어떤 것을 하나요? | 78

낮병원의 실제 사례 '단시간의 집단요법'부터 '장시간의 낮병원'까지 | 80

제3장
사회에서 고립감을 심하게 느끼지 않기 위해서 할 수 있는 일

아스퍼거 증후군은 '병'인가? 그렇지 않으면 '개성'인가? | 88

아스퍼거 증후군과 '범죄'와의 관계 | 90

이제부터 '자신'이 할 수 있는 것~ '오해'를 받지 않는 행동이란? | 92

주변 사람에게 오해를 불러일으키지 않는 '대화방식'을 익히자 | 94

'사회인'으로서 적합한 '복장'이란? | 96

자신이 '잘하는 분야'를 깊이 연구해서 '긍정적인 면'으로 연결한다 | 98

'생활 공간'을 말끔히 정리하여 '혼란'을 막는다 | 100

'발달장애'를 '기술'로 도우려는 시도 | 102

개인 컴퓨터, 휴대전화 또는 이메일이 '곤란감'을 해소시킨다? | 104

'나를 따르라'는 이야기를 들어도 따라갈 수 없다? | 106
'삶의 어려움'을 경감시키기 위해서 '사회'가 할 수 있는 일 | 108
의료제도를 활용, '고용'의 길을 열다 '자립지원 의료', '정신장애인 보건복지수첩' | 110
'뇌과학'으로 아스퍼거 증후군의 '미래'를 연다 | 112

제1장

아스퍼거 증후군 성인은 다음과 같은 어려움을 겪고 있다

학교 성적도 좋고, 취업할 때까지는 좋았지만, 왠지 업무나 인간 관계가 원만하게 안되는……. 이런 사람 중에는 '성인 아스퍼거 증후군'을 갖고 있는 경우도 있습니다.

성인 아스퍼거 증후군
~나, 이런 일로 힘들어하고 있어요

매일 이런 일에 신경을 쓰고 있습니다.

- '실례' 되는 말은 하지 않으려고 하고 있다.
  (상대가 왜 화가 나 있는지 알 수 없을 때도 있지만……)
- 쓰레기 버리는 날을 잊어버리지 않기 위해 체크한다.
  (날짜나 시간 감각을 잘 모르겠다)
- 사람들과 얘기 할 때, 의식적으로 앞을 바라본다.
  (방심하면 엉뚱한 방향을 바라보기 때문에)

이런 궁리를 하고 있습니다

- 달력에 예정일을 써 넣고도 매번 계속 확인한다.
  (가끔, 써 넣는 것을 잊어 버릴 때도……!)
- '평소에는 열지 못하게 하는 방'을 만든다
  (자신이 피난할 수 있는 장소를 확보)
- 부재중 전화기능은 사용하지 않는다.
  (중요한 용건이 부재중 전화에 남아 있어도, 듣는 것을 잊어 버리기 때문에)
- 중요한 물건을 넣어두는 장소는 한곳으로 정한다.
  (너무 세세하게 구분하면, 그 일만으로도 녹초가 된다…….)

그런데도, 이런 일로 힘들어 하고 있습니다.

- 돌연 '이성을 잃고' 화내거나, 심한 말을 해 버린다.
  (자각은 못하고 있지만…….)
- 요리 등 뭔가 작업을 하고 있으면 너무 집중해 버리고 만다.
- 방이 너무 심하게 어질러져 있으면, 치울 마음이 없어져 버림.
- 방심하면 '어디 보고 이야기 하는 거야?' 하는 말을 듣게 된다.
- 누군가가 나에게 감정적으로 화를 내면 얼어버리고 만다.
- 말 걸어주는 사람이 없으면, 언제까지나 한곳에 어색하게 있다.
  (처음에 한마디라도 걸어주면 아주 달라짐)

어딘지 모르게 '이상한' 어른들 '아스퍼거 증후군' 이란?

주위에서 보면, 평범하게 일상생활을 하고 있는 사람 중에 '사는 것이 힘들다' 고 느끼고 있는 '아스퍼거 증후군'인 사람이 있기도 합니다.

'아스퍼거 증후군' 이란 '발달장애' 라고 불리는 일종의 질병중 한 가지입니다. 발달장애에는, '자폐장애(고기능 자폐장애을 포함)' '주의력결핍 과잉행동장애(Attention Deficit Hyperactivity Disorder, ADHD)' '학습장애(Learning Disorder, LD)' 등이 있는데, 어느 것이나 뇌기능이 한쪽으로 치우치면서 발생 하는, 선천적인 병입니다.

아스퍼거 증후군은 지적인 발달이 늦지 않는 특징 때문에 어렸을 때는 ' 좀 색다른 아이네 ' 라는 인상을 주지만, 특별히 병이라고 진단받는 경우도 없이, 그 상태로 성인이 되어 버리는 경우도 드물지 않습니다.

그러나, '사회성 결여' '의사소통 능력의 결여' '흥미가 너무 한쪽으로 치우쳐 있다' 라는 특성 때문에, 사회에 나가서 인간관계가 원만하게 되지 않고, 사회인으로서 그다지 적합한 태도를 취하지 못하는 등의 문제가 표면화됩니다. 특성에 맞지 않는 일을 하게 되면, 여러 가지 문제가 더 발생하기쉽니다.

대인 의사소통 등에 문제가 있는 '발달장애'

아스퍼거 증후군 이란

'사회성 결여' '의사소통 능력의 결여', '흥미가 너무 한쪽으로 치우쳐있다' 라는 특성을 가진 발달장애의 하나이다. 지적장애가 없기 때문에 '좀 이상한 아이네'란 인상을 주면서도 진단을 받지 않은 채 어른이 되는 케이스가 많다. 사회에 나가서, 대인교류가 필요하게 되면, 여러가지 문제가 표면화된다

아스퍼거 증후군은 발달장애라고 불리는 병중의 하나

※ 발달장애에는 '자폐장애(고기능 자폐장애을 포함한다)' '주의력결핍 과잉행동장애', '학습장애' 등이 있다

아스퍼거 증후군

주의력결핍 과잉행동장애

고기능 자폐장애

학습장애

자폐장애

요즘, '성인' 아스퍼거 증후군이 증가하고 있다?

최근들어, 아스퍼거 증후군에 대한 인식이 높아지고 있는 원인도 있어서, 병을 자각하는 사람이 늘고 있습니다. 그 때문에, 환자수가 증가하고 있습니다.

    아스퍼거 증후군은 선천적인 장애이기 때문에 자기 자신은 성장과정에서 '나는 어딘가 다른 사람과 다르다', '사는 것이 힘들다'고 느끼고 있습니다. 그러나, 부모나 교사, 의사가 아스퍼거 증후군에 대해서 모르면, 장애를 가지고 있다는 것을 알아채지 못하고, 진찰받지 못하는 경우가 많이 있습니다.

    그런데, 사회에 나가면 최선을 다하는 데도 업무가 잘 되지 않고, 상대방의 설명을 잘 이해하기가 힘들고, 주위로부터 '좀 이상해' 라는 말을 듣게 되면서 소외당하기도 하는 등, '사는 것이 힘이 드는' 현실이 본인을 짓누르기 시작합니다.

    아스퍼거 증후군에는 비교적 지능이 높은 사람이 많고, 다양한 정보를 모아서 '내가 아스퍼거 증후군이 아닐까?'라고 판단하고 의료기관을 방문하는 케이스가 눈에 띕니다.

    인터넷 등의 보급에 의해서 아스퍼거 증후군에 대한 정보량이 증가하고 있는 것이, 환자 수를 증가하게 하는 면도 있습니다.

병명이 알려지게 되면서 진단받은 경우가 증가하고 있다.

지금까지는……

'자신은 어딘가 남과 다르다'란 자각은 있어도, 아스퍼거 증후군에 관한 것을 몰랐기 때문에 검진을 받지 않았다.

⬇

인터넷의 보급 등에 의해서 아스퍼거 증후군에 대한 정보량이 늘었다.

'어쩌면 아스퍼거 증후군 일지도?'

진찰 받고 '아스퍼거 증후군'이라고 진단

Point 진찰받게 된 계기는 주로 사회에 나가서 아무리 해도 업무가 잘 되지 않고, 인간관계가 원만하게 되지 않는 것과 같은 '곤란함'입니다. 단, 이러한 경우 아스퍼거 증후군이 원인인 경우도 있지만, 그렇지 않은 경우도 있다

발달장애는 '아이들만의 병'이 아니다?

'발달장애'란, 뇌기능에 장애가 있어서 '발달'이 '장애' 받는 병입니다.
이러한 뇌의 특성은 어른이 되어도 변함없이 지속됩니다.

'발달'이라고 하는 말이 붙어 있으면, 확실히 '발달중인 아이들의 병'이라고 생각될지도 모르겠습니다. 실제로, 자폐장애나 주의력결핍 과잉행동장애, 학습장애 등은 학교 생활에 커다란 영향을 주는 등의 이유 때문에 아이들 병이란 이미지가 강합니다.

지적 능력이 높은 아스퍼거 증후군의 경우는, 다른 발달장애에 비해서 알아차리기 어려운 면도 있습니다만, 어린 시절에는 '뉴스를 읽는 것처럼 단조로운 말투로 얘기를 했다'는 등 어떤 특이한 점들을 갖고 있습니다.

그러나, 발달장애는 유전적인 요인을 포함해, 엄마의 태내에 있는 동안 형성되는 '뇌'에 기능장애가 발생하는 선천적인 병입니다. 그것은, '뇌의 특성'이라고도 할 수 있기 때문에, 이러한 뇌의 특성은 어른이 되어서도 변하지 않습니다.

단, 성장 과정을 통하여 치료나 훈련을 받거나, 대처방법을 학습해 나감으로써, 어른이 되어서는 사회생활을 해 나가는 일은 충분히 가능합니다.

발달장애는 아이들만의 병이 아니다.

주의력결핍 과잉행동장애
부주의, 충동성, 과잉장애의 특성이 있다.

학습장애
읽기장애, 쓰기장애, 산수장애가 있다

자폐장애
언어발달의 지연, 지적장애, 의사소통 장애, 강한 집착 감각과민

어렸을 때 학교 생활을 보내는데 있어서 큰 영향을 줌

고기능 자폐장애
자폐장애의 약 20%에서 보이며 당초 언어발달의 지연은 있지만, 지적장애는 없다.

아스퍼거 증후군
사회성결여, 의사소통능력결여, 강한 집착이 있지만, 지적장애는 없다.

뭔가 독특한 행동은 보이지만, 학교생활에 지장이 없는 경우도 많다.

발달장애는, '뇌'에 기능장애가 일어나는 선천적인 병이며, 그 뇌의 특성은 어른이 되어도 바뀌지 않는다. 그러나, 대처방법 등을 배우고, 사회생활을 해 나가는 것은 충분히 가능하다.

'오진' 받기 쉬운
'성인 아스퍼거 증후군'

성인 아스퍼거 증후군은, '조현병(구: 정신분열증)'이나 '사회불안장애' 등과 증상이 닮아 있기 때문에, 오진 받는 경우도 있습니다.

　사회성 장애나 의사소통 능력의 결여, 흥미의 폭이 좁은 것과 같은 아스퍼거 증후군 특유의 증상이 현저하게 나타나면, 사회생활을 하는데 있어서 점차 곤란을 초래하는 일이 많아지게 됩니다.

　그렇게 되면, 많은 사람들은 마음의 병을 의심하고 '정신건강의학과'에서 진찰을 받게 됩니다. 정신건강의학과에서 올바르게 아스퍼거 증후군으로 진단받으면 다행이지만, 만일 아스퍼거 증후군에 대해 그다지 상세하게 알지 못하는 의료기관에 가게 되면, 오진 받을 가능성이 있음을 부정할 수 없습니다.

　최근 수 년 동안, 정신건강의학과 진단은, 'DSM-IV'이라는 세계적 진단 기준에 맞추어 행하게 되어 있습니다. 아스퍼거 증후군의 경우, 단순하게 DSM-IV 진단 기준과 증상을 맞추면, 조현병(구: 정신분열증)이나 사회불안장애 등과 겹쳐지는 특성이 아주 많이 있습니다. 그것이 오진을 일으키는 한가지 요인이 되고 있습니다.

'조현병(구: 정신분열증)' 등으로 오진 받는 경우도 있다

'아스퍼거 증후군'에 관한 것을 잘 모르는 의료기관에 가게 되면…….

- 조현병 (구: 정신분열증)
- 사회불안장애
- 기분장애
- 그 외의 정신질환

오진! 발달장애를 알아 낼 수 없다

진단기준 DSM—IV
- 융통성이 없다.
- 흥미의 폭이 좁다.
- 반복적인 행동
- 표정이 풍부하지 못하다.
- 감정의 단조로움
- 주위에 대한 무관심

판단할 수 없다!

> **Point** 정신건강의학과 의료에서 아스퍼거 증후군이 표면화된 것은 1981년이며, 주목 받게 된 것은 과거 10년 정도이다. 또한, 자폐장애을 진찰할 기회가 많은 소아정신건강의학과에서 임상경험이 있는 정신건강의학과 의사가 극히 적다. 의료기관에 갈 경우에는, 아스퍼거 증후군의 치료가 가능한지 여부를 사전에 문의하는 것이 바람직하다.

'자폐 스펙트럼장애'란 것은 무엇입니까?

아스퍼거 증후군은 '자폐장애'의 연장선상에 있는 병입니다.
이들 동일선상에 있는 일련의 병을 '자폐 스펙트럼장애'이라고 부르고 있습니다.

'자폐장애' '고기능 자폐장애' '아스퍼거 증후군'은 '자폐 스펙트럼장애'이라고 부르는 연속선상의 질환입니다. 이것들은 '전반적 발달장애'라고도 부릅니다.

자폐장애에는 '언어 발달이 뒤처진다' '몸짓이나 손짓 등 언어 이외의 의사소통이 어렵다' '물건, 행위, 사람, 장소 등에 강한 집착을 한다' '감각이 과민하다' 등의 특징이 있으며, 많은 경우 지적장애를 동반합니다.

그러나, 자폐장애 중에 20% 정도의 사람들은 지적장애를 동반하지 않습니다. 그 때문에 처음에는 언어 발달이 뒤처지지만, 머지않아 언어 능력이 발달해 갑니다. 그것이 고기능 자폐장애라고 부르는 한 종류입니다.

아스퍼거 증후군의 경우는 언어 발달에도 뒤처짐이 없고, 지적장애도 동반하지 않습니다. 그러나, 그 외의 특징은 자폐장애, 고기능 자폐장애와 공통되기 때문에, 이 세가지는 스펙트럼(연속선상)이라고 생각됩니다.

자폐장애, 고기능 자폐장애, 아스퍼거 증후군은 연속체

자폐 스펙트럼장애란?

'자폐장애' '고기능 자폐장애' '아스퍼거 증후군'은 같은 특징을 가진 연속선상 질환이라고 생각되어져서, '자폐 스펙트럼장애'라고 불리고 있다. '전반적 발달장애'라고 총칭해서 불리는 경우도 있다.

스펙트럼 (연속선상)

자폐장애
'언어발달이 뒤처진다' '몸짓이나 손짓 등, 언어 이외의 의사소통이 어렵다' '물건, 행위, 사람, 장소 등에 강한 집착을 한다.' '감각이 과민하다' 등의 특징이 있고, 지적장애를 동반한다.

고기능 자폐장애
'자폐장애 중에서 지적장애를 동반하지 않는 군이 20%정도 있다. 그것이 고기능 자폐장애다. 처음에는 언어발달이 뒤처지기는 하지만 머지않아 언어능력이 발달해서 아스퍼거 증후군과 구별하기 어려워진다.

아스퍼거 증후군
언어발달에 뒤처짐이 없고, 지적장애도 동반하지 않는다. 단, 자폐장애의 특징을 모두 가지고 있는 아스퍼거 증후군은 비교적 적고, 일부 증상만을 가진 '전형적이지 않은 전반적 발달장애(PDD-NOS) 쪽이 훨씬 많다. 다른 특징은 자폐장애와 같다.

'진단기준'을 전부 충족시키지 못 할 경우, 아스퍼거 증후군이라고 할 수 있을까?

아스퍼거 증후군은, DSM-IV라는 세계적인 진단기준에 의해서 진단됩니다.
그러나, 그 중에는 모든 조건을 충족시키지 못하는 사람도 많이 있습니다.

성인 아스퍼거 증후군이 늘고 있는 배경에는 '어린시절에 병을 발견하지 못했다'라는 문제가 있습니다. 학생 시절에 집단 생활에 있어서도 커다란 문제가 드러나지 않을 정도의 경미한 아스퍼거 증후군인 사람은, 진단을 받지 않고 어른이 되는 일이 드물지 않습니다.

이러한 사람들은 달리 분류되지 않는 전반적 발달장애(Pervasive Developmental Disorder-Not Otherwise Specified, PDD-NOS)일 가능성이 높고, 아스퍼거 증후군보다, 한 단계 더 범위가 넓다고 생각됩니다. 달리 분류되지 않는 전반적 발달장애인 사람은 세계공통의 진단기준 'DSM-IV'의 조건을 충족시키지 못하기 때문에 아스퍼거 증후군이란 진단명을 붙일 수 없습니다

아스퍼거 증후군은 지적장애가 없기 때문에 영유아 진단 등을 통하여 발견하기 힘든 병입니다. 더욱이, 모든 조건에 부합하지 않는 달리 분류되지 않는 전반적 발달장애를 찾아내기는 더욱 어렵다고 할 수 있습니다.

'달리 분류되지 않은 전반적 발달장애'라고 불리게 되어 버린다

전반적 발달장애란?

아스퍼거 증후군은, DSM-IV라는 세계적 진단기준에 의해 진단된다. 그러나, 그 중에는 아스퍼거적 경향을 가지고 있지만, 그 진단기준을 충족시키지 못하는 사람도 있다. 그런 사람에게는 엄밀하게 아스퍼거 증후군으로 진단내릴 수 없기 때문에, 우선 '달리 분류되지 않은 전반적 발달장애(PDD-NOS)'라는 진단을 내리게 된다.

Point 모든 조건을 충족시키지 못하는 달리 분류되지 않은 전반적 발달장애(PDD-NOS)인 사람은 아스퍼거 증후군보다 범위도 넓고, 그 빈도도 훨씬 높다고 생각되어진다. 영유아진단에서 전반적 발달장애를 발견하는 것은 어렵다. 따라서, 핵심 증상인 사회성 장애를 그 단계에서 발견해서, 가능하다면 될 수 있는 한 조기에 치료적 개입을 하는 것이 요구된다.

아스퍼거 증후군과 혼동하기 쉬운 '조현병(구: 정신분열증)' 이란?

'은둔형 외톨이'나 '생각이 정리되지 않는다' 라는 상태가 '조현병(구: 정신분열증)'과 혼동되어 버리는 일도 있습니다.

    아스퍼거 증후군인 사람이 '뭔가 상태가 이상하다'라고 생각하고, 병원에 갔을 때, 오진받기 쉬운 것이 '조현병(구: 정신분열증)'입니다.

    조현병(구: 정신분열증)은 환각(주로 환청), 망상, 대화의 탈선, 감정의 단조로움, 의욕결여 등을 보이는 정신질환입니다. 이들의 특성은, 아스퍼거 증후군인 사람이 보이는 행동과 보기에 언뜻 비슷해 보이는 면이 있습니다.

    예를 들어, 아스퍼거 증후군인 사람은 이전에 일어났던 광경을 일순간에 상세하게 떠올릴 수 있습니다. 상기하는 방법이 너무 급작스럽기 때문에 환각을 보고 있는 것으로 착각하는 경우가 있습니다. 또한, 아스퍼거 증후군인 사람과 얘기하고 있으면, 자주 대화가 어긋나게 되는 일이 있습니다. 이것은 자신의 흥미에 정신이 집중이 되어서 상대방 말이 귀에 들어오지 않게 되기 때문입니다.

    어느 것이나 다 원인은 다르지만, 증상이 닮아 있기 때문에 오진 받기 쉽습니다.

> 환각, 대화의 탈선, 감정의 단조로움 등의 공통점이 있다

조현병(구: 정신분열증)이란

환각(또는 환청), 망상, 대화의 탈선, 감정의 단조로움, 의욕결여 등이 보이는 정신질환. 청년기에 증상이 나타나기 쉽고, 사회적으로 은둔해 버리는 일도 많다.

이러한 질환들과 혼동되기 쉽다

환각

조현병(구: 정신분열증) |
환각의 종류는 '죽어'라는 소리가 들리는 등의 '환청'이 많다.
아스퍼거 증후군 |
갑작스런 기억상기나 환타지가, 환각의 일종인 '환시'와 혼동되는 경우가 있다

망상

조현병(구: 정신분열증) |
'죽어' 등의 환청이 피해망상을 일으켜 주위의 대응에 과민하게 반응
아스퍼거 증후군 |
불쾌했던 사건을 갑자기 떠올리는 것을 망상으로 오인받게 된다. 또한, 환타지에 몰입하기 쉬운점도 망상으로 생각되기도 한다

대화의 탈선

조현병(구: 정신분열증) |
사고에 종합성이 없기 때문에, 주위로부터 지리멸렬한 얘기를 하는 것으로 인식된다.
아스퍼거 증후군 |
자신이 관심을 가지고 있는 일 밖에 흥미가 없기 때문에, 화제가 갑자기 탈선해 버린다.

감정의 단조로움

조현병(구: 정신분열증) |
병이 진행되면 외부세계에 대한 관심이 없어지고, 안으로 은둔하게 되어버린다.
아스퍼거 증후군 |
표정인지를 어려워하기 때문에 자신도 감정표현 방법을 잘 모른다. 그 결과, 무표정하게 된다

원질환은 아스퍼거 증후군?
'강박장애'와의 관계성

'강박장애'는, 집착이 강하고, 반복적인 행동을 지속하는 등 아스퍼거 증후군의 증상과 매우 유사한 면이 있습니다.

'강박장애'란 불안장애의 한 종류로, 스스로 무의미하다고 생각하면서도, 어떤 일정한 행동을 강박적으로 반복하게 되는 장애를 말합니다. 예를 들면, 밖에서 돌아와서 손을 씻을 때, 강박장애인 사람은 몇번이고 씻어도 더러움이 없어지지 않는 느낌이 들어서, 1시간 이상이나 계속 손을 씻는 행동을 합니다.

한편, 아스퍼거 증후군 중에는, 간장병에 남은 양이 적어지면, 패닉상태에 빠지는 사람도 있습니다. 눈 앞에서 간장이 없어지는 것에 집착합니다.

강박장애의 진단기준을 보면, '일정한 스케줄에 집착한다' '한가지 일에 과잉적으로 빠져 든다' '융통성이 없다' 등, 아스퍼거 증후군과 매우 비슷한 행동이 기재되어 있습니다. 강박적 행동은 아스퍼거 증후군의 2차적 장애이기도 합니다.

그러나, 배후에 아스퍼거 증후군이 있다는 것을 간파하는 것은 여간 어렵지 않아서, 강박장애의 치료가 주된 치료가 되는 경우도 드물지 않습니다.

'사물에 집착한다' '융통성이 없다' 등 공통점이 많다

강박장애란……

스스로 무의미 하다고 생각하고 있으면서도, 어떤 일정한 생각(강박관념)에 사로잡혀서, 그것을 해소하는 행동(강박행동)을 반복하게 된다. 그 배경에는 '불안'이 있으며, 불안장애의 한 종류로 분류되어 진다. 예를 들면, 외출했다 돌아와서 몇번이고 손을 씻어도 더러움이 없어지지 않은 느낌이 들어서, 1시간 이상이나 손을 계속 씻고 (더러움에 대한 공포), 집을 나설때 열쇠로 잠갔는지 아닌지 몇번이나 확인하는 (확인 행동)…… 등의 모습을 보입니다.

아스퍼거 증후군과 강박장애의 증상은 얼핏 보면 매우 닮아 있다

- 일정한 순서나 스케줄에 집착한다
- 물건을 뭐든지 따로 소중히 간직한다
- 완고하다
- 방 안의 물건 위치에 집착한다
- 뭐든 여유있게 물건을 사놓지 않으면 만족할 수 없다
- 마음에 걸리는 일은 철저하게 조사한다
- 외출했다 돌아오면 의류를 전부 세탁기에 넣고, 실내 옷으로 갈아 입는다

Point

아스퍼거 증후군에서는, 뭔가가 없어지거나 변화해 가는 것 같은 '동적' 인지를 어려워하고, 모든 것이 정해진 위치에 있는 '정적'인 상황에서 안정을 한다고 할 수 있다. 그 배경에 '불안'은 없다.

'아스퍼거 증후군'인 사람은 '어렸을 때'도 어려움이 있었다?

어른이 될 때까지 알아 챌 수 없었던 '아스퍼거 증후군'인 사람도 본인 자신은 어렸을 때부터 '곤란한 느낌'을 품으면서 살아가고 있습니다.

사람에 따라 아스퍼거 증후군의 증상의 출현은 다양하지만, 본인은 성장과정에서 '자신은 남들과 어딘가 다르다' '왠지 사는 것이 힘들다'라고 느끼는 것이 일반적이다.

그것은, 아스퍼거 증후군의 원인이 '선천적인 뇌의 기능장애'에 있기 때문입니다. 아스퍼거 증후군인 사람은 지적장애가 없기 때문에, 주변사람들에게 맞추려고 노력하며 살고 있습니다. 태어났을 때부터 정상적으로 발달한 사람과 다른 감각을 가지고 있으면서, '이상한 사람으로 생각되지 않는 행동'을 '습득'해 갑니다.

특히, 지능이 높은 아스퍼거 증후군인 사람은 '이럴 때는 이런 반응을 한다'라는 지식을 구사하고, 상당한 정도까지 주변에 맞출 수 있다고 합니다. 아스퍼거 증후군의 증상은 어른이 되어서 돌연 나타나는 것이 아닙니다. 주위 환경이, 아스퍼거 증후군의 증상을 표면화시켜 버리는 것입니다.

본인은 여렸을 때부터 계속 '곤란한 느낌'을 가지고 있었다

아스퍼거 증후군인 사람은,
다른 사람과 어딘가 다르다라고 느끼면서,
'이상한 사람이라고 생각되지 않는 행동'을 '습득'해 간다

**본인은 어렸을 때부터 곤란을 겪고 있었고,
사는 것이 힘들다고 느끼고 있었다.**

대화가 잘 되지 않는 것은
'말의 숨은 뜻을 읽을 수 없기' 때문

아스퍼거 증후군인 사람은, 상대가 한 말을 문자 그대로 받아들입니다. 그것은, 말에 숨겨있는 본심이나 행간을 '상상' 하는 힘이 약하기 때문입니다.

사회인이 되면 '그 부분은 아무쪼록 잘 부탁드립니다' 등과 같은, 추상적인 표현이 빈번하게 사용되게 됩니다. 아스퍼거 증후군인 사람은, 뇌의 특성상 원활하게 상상력을 발휘할 수 없습니다.

'그 부분' 이란 것은? '아무쪼록' 이란 것은? ……라고, 일일이 고민하게 됩니다. 또한, 말을 글자 그대로 받아 들이기 때문에, '몇 번을 들어야 알겠어!' 라고 주의 받으면, '아직 13번 밖에 듣지 않았어요' 등 이라고 대답하고 맙니다.

말의 속뜻을 읽는 상상력도 부족하기 때문에, 비유나 빈정거리는 것도 통하지 않습니다. 상사가 실수를 주의 주기 위해 '잘도 이런 대단한 일을 하는군' 등과 같이 비꼬려고 하면, '내가 대단한 일을 한 것일까?' 라고, 문자 그대로 받아 들이고, 순진하게 기뻐하는 경우도 있습니다.

아스퍼거 증후군인 사람에게 말이란 곧 '사실을 전달하는 도구' 이기 때문입니다.

'말'의 속뜻을 읽지 못하여 글자 그대로 받아 들인다

아스퍼거 증후군인 사람에게 있어서, 말은
사실을 전달하는 도구

'비유'나 '비꼬는 말'은 통하지 않는다

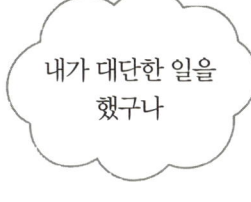

말을 글자 그대로 받아들이기 때문에 대화가 잘 되지 않는다

사물을 '전체'적으로 파악하기가 어렵다

나무를 봤을 때, 보통 한눈에 그것을 '나무'라고 인식할 수 있습니다. 그러나 아스퍼거 증후군인 사람은 즉시 전체 모습을 파악할 수 없습니다.

    아스퍼거 증후군의 커다란 특징으로, '개념화'를 힘들어 하는 면이 있습니다. 예를 들어, 일반 사람들은 나무를 봤을 때, 순간적으로 그것을 나무라고 인식할 수 있습니다. 그러나, 아스퍼거 증후군인 사람에게는 그것이 어렵습니다.

    아스퍼거 증후군인 사람은, 전체를 보기 전에 우선 눈 앞의 잎파리에 주목합니다. 잎사귀 한 개의 특징을 자세히 관찰하고, 다음에는 다른 잎사귀를 관찰합니다. 그렇게 보다 보면, 한 장도 같은 잎이 없습니다. 얼마 안 있어, 가지가 있는 것을 깨닫고, 나아가 나무 기둥이 있는 것을 알게 됩니다. 그래서, 겨우 '잎이 있고, 가지가 있고, 나무 기둥이 있고… .. 이것은 나무다'라고 하게 되는 것입니다.

    이 예는 극단적입니다만, 아스퍼거 증후군인 사람은 세부에 너무 집중한 나머지, 전체상을 파악하기 어려운 특성을 갖고 있습니다. 업무상 작업능률이 좋지 않은 원인은 전체상의 파악이 필요한 장면에서 세부적인 것에 너무 집중하기 때문입니다.

세부적인 것에 너무 구애받기 때문에 전체를 파악하는 것이 힘들다

아스퍼거 증후군인 사람은 '개념화'가 잘 이루어지지 않는다

예를 들어 나무를 볼 때에는……

| 눈 앞의 잎에 주목 |

| 한 장의 잎의 특징을 자세히 관찰 |

| 다음에는 다른 잎을 관찰 (하나도 같은 잎은 없다) |

| 잎의 차이점에 정신을 빼앗겨서… |

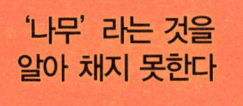

'나무'라는 것을 알아 채지 못한다

'잎'의 차이점에 몰두해서
'나무'를 깨닫지 못한다.
바로 '나무'를 보되 숲을
못본다' 인 것이다.

Point

아스퍼거 증후군인 사람은 세부적인 것에 너무 집중한 나머지, 순간적인 전체상을 파악하는 것이 서툴다. 이것은 '패턴인지'를 잘 못해서, 다양한 '정적'인 차이점에 정신이 팔리기 때문에, 전체상의 파악이 어렵다.

'동시 진행'이
필요한 작업은 어렵다

아스퍼거 증후군인 사람은, '여러가지 정보를 동시에 처리하는 것이 힘들다'라는 특징이 있습니다. 그 때문에, 한번에 두 가지 작업을 진행시키기가 힘듭니다.

   우리들은 사회생활을 하는데 있어서 아주 자연스럽게 두 가지 일을 동시에 진행시키는 일이 가능합니다. 예를 들어, 뉴스를 들으면서 메모를 하는 것과 같은 일은 특별히 어려운 일이 아닙니다.

   그러나, 아스퍼거 증후군인 경우, 이야기를 들을 때는 '듣는 일'에 집중하기 때문에, 동시에 '메모를 하는' 일은 곤란하다고 느낍니다. 또한, '불필요한 서류도 섞여 있을지 모르지만, 이 일에 필요한 서류를 선발해서 정리해 놓으시오' 등과 같은, 복잡한 지시를 주게 되면 요점을 놓쳐 버립니다. 그 결과, 무엇을 해야 하는지 알 수 없게 되어 버립니다.

   아스퍼거 증후군인 사람에게는, 복수의 정보를 동시에 처리할 수 없다는 뇌의 특성이 있습니다. 동시 진행이 필요한 일은 맞지 않습니다. 지시를 내릴 때에는 요점을 하나하나 전달하고, 순서에 따라서 하도록 할 필요가 있습니다.

뇌의 특성상 두 가지 일을 한번에 하는 것은 곤란

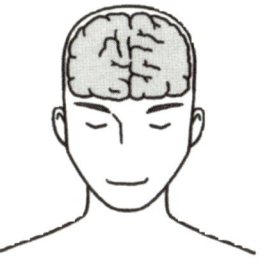

아스퍼거 증후군인 사람은, 여러가지 정보를 동시에 처리하는 것을 힘들어 하는 뇌의 특성을 가지고 있다

그래서……

두 가지 일을 동시에 진행 시키는 것은 어렵다

이야기를 들으면서 메모를 한다

전화를 하면서 서류를 본다

공항상태

Point 아스퍼거 증후군인 사람에게 지시를 내릴 때에는, 요점을 하나하나 전달하고, 순서에 따라 수행하게 할 필요가 있다.

'대인관계'가 중요한 일은
어려워하는 경향이 있다

아스퍼거 증후군인 사람은, 단순한 기억이나 반복적인 작업을 잘 합니다.
그러나, 영업처럼 대인관계가 중요한 일은 어려워 합니다.

 아스퍼거 증후군인 사람은, 좁은 범위에서 깊은 지식을 습득하는 일을 대단히 잘 합니다. 그 때문에, 많은 정보를 기억하는 일이나 반복적인 작업을 끈기있게 계속하는 일에 뛰어납니다. 그러한 전문직 중에서 좋은 성적을 거두면, 나중에는 인정받고 관리직으로 출세하게 됩니다.

 그렇지만, 관리직으로 올라가면 대인교섭이 필요한 일이 훨씬 증가하게 됩니다. 혹은, 우수한 사원이란 이유로 간부 후보생으로서 타부서에서도 경험시키려고 영업직 등으로 가게 되는 경우도 있습니다.

 그러나, 이러한 대인관계가 중요한 일은 아스퍼거 증후군인 사람이 가장 어려워 하는 분야입니다. 그것은, 사회성 장애, 의사소통 장애, 상상력 결여 등이 원활한 인간관계를 방해하기 때문입니다. 아스퍼거 증후군인 사람에게는 자신있는 분야에 맞는 일을 맡을 필요가 있습니다.

의사소통에 장애가 있기 때문에 대인관계를 어려워한다

- 사회성 장애
- 상상력 결여
- 의사소통능력 장애

⬇

원만한 인간관계를 쌓는 것이 곤란

 아스퍼거 증후군인 사람은, 좁은 범위에서 깊은 지식을 얻는 것을 잘 하기 때문에, 기억하는 일이나 반복적 작업을 끈기 있게 하는 일에 뛰어나다. 역으로, 대인관계가 중요한 관리직이나 영업직은 맞지 않다

모든 소리가 귀에 들어오기 때문에 '선택적 주의 집중'을 할 수 없다

아스퍼거 증후군인 사람은, 정상적인 발달을 한 사람과는 다른 지각을 갖고 있습니다. 그 중 하나로, '선택적 주의 집중'을 할 수 없다는 점이 있습니다.

'선택적 주의 집중'이라는 것은, 많은 정보 중에서 자신에게 필요한 정보만을 추려내는 것이 가능한 능력입니다. 예를 들어, 혼잡한 곳에서 친구와 이야기를 하고 있어도 상대방의 목소리가 들리는 것은, 그 외의 소음을 걸러낼 수 있기 때문입니다. 그렇지만 아스퍼거 증후군인 사람은 시끄러운 환경 속에서 모든 소리가 귀에 들어오기 때문에 상대방의 목소리에 집중할 수가 없습니다.

그렇기 때문에 아스퍼거 증후군인 사람은 시끌시끌한 환경을 매우 힘들어 합니다. 아스퍼거 증후군인 사람에게 귀마개는 어떤 의미로 필수품이라고 할 수 있습니다. 귀마개를 하는 편이, 도리어 상대방의 목소리가 듣기 쉬워서 일도 진척이 더 잘 됩니다.

시각에 관해서도 마찬가지라고 할 수 있습니다. 예를 들어, 책상 위가 정신없게 어질러져 있으면, 그 안에서 일에 필요한 것을 고르는 것은 굉장히 어렵습니다. 주위가 눈부시다고 느낄 때가 많아서, 그럴 때는 선글라스가 효과적입니다.

불필요한 정보를 걸러내는 것이 곤란

선택적 주의 집중이란……

많은 정보 중에서 불필요한 정보를 걸러내고, 자신에게 필요한 정보만을 취할 수 있는 능력. 아스퍼거 증후군인 사람은 시끌시끌한 환경 속에 있으면 모든 소리가 귀에 들어오기 때문에, 필요한 정보에 집중하는 것이 어렵다. 이것은 시각이나 후각에서도 마찬가지이다.

Point 아스퍼거 증후군인 사람에게 있어서, 귀마개가 어떤 의미에서 필수품. 귀마개를 하는 편이 도리어 상대방의 소리가 듣기 쉽다. 소음을 없애는 헤드폰이나 선글라스도 효과적입니다.

'예상 밖'의 일이나 예정이 생기면 당황한다

아스퍼거 증후군인 사람은, 급게 변경되거나 고치는 것에 잘 대응할 수 없는 특성이 있습니다. 예상 외의 일에는 크게 당황하는 모습을 보입니다.

    아스퍼거 증후군인 사람은 '상상력을 구사한다'라는 작업이 어렵고, 민첩하게 발상을 전환하는 것이 어렵습니다. 이것은, 응용력이 모자란 형태로 나타나서, 급한 예정 변경에 적응하기 어려워 합니다.

    숫자나 한자 등 '변하지 않는 것'에 대해서는 안정감을 갖지만, '변동하는 것'에 대해서는 강한 불안을 느낍니다. 그 때문에, 일상생활에서는 예정 외의 일이 생기면 심하게 당황해 버립니다.

    여기에는 상대방의 움직임을 뇌 속에서 모방해 보는 작용을 하는 '미러뉴론(60페이지 참조)'이란 신경세포가 관여한다고 생각됩니다. 상대방의 움직임을 머리 속에서 모방함으로써 상대의 행동이나 생각을 이해할 수 있게 됩니다. 아스퍼거 증후군인 사람은 그 활동이 약하기 때문에 '변동하는 것'을 이해하는데 시간이 걸리고, 급작스럽게 예정이 변경되면 대응하기 어려운 것입니다.

이해하는데 시간이 걸리기 때문에 임기응변식 대응은 잘 못한다

아스퍼거 증후군인 사람은, 뇌속의 '미러뉴론'의 활동이 약하다. '미러뉴론'이란 상대방의 움직임을 머리 속에서 모방하는 작용을 한다. 머리 속에서 상대방의 움직임을 모방함으로써, 상대방의 행동이나 생각을 이해할 수 있게 된다. 아스퍼거 증후군인 사람은 이 활동이 약하기 때문에, '변동하는 것'을 이해하는데 시간이 걸리고, 급한 예정변경에 대응하기 힘들다.

변하지 않는 것
(숫자, 한자 등)

안정감을 갖는다

변동하는 것
(사람의 감정이나 일의 흐름 등)

불안감을 갖는다

예상외의 일이나 예정이 생기면 당황해 버린다

'표정 인지'를 할 수 없기 때문에, 인간관계가 서먹서먹해진다

아스퍼거 증후군인 사람은 표정을 보고 상대방의 생각을 판단하는 일을 잘 못하기 때문에, 때때로 인간관계에 지장을 초래하는 일이 있습니다.

인간은 태어나면서 사람의 얼굴에 흥미를 나타냅니다. 유아에게 사람의 얼굴 모형을 보이고, 그 시선을 쫓는 실험을 한 결과, 유아는 분명하게 사람의 얼굴에 흥미를 나타내고, 얼굴 모형이 이동하는 방향으로 시선을 계속 보냈다고 합니다.

그러나, 아스퍼거 증후군이 사람의 커다란 특징은, 눈을 못 맞추는 것입니다. 실제로 매일 보고 있는 회사 동료마저 복장이 달라지면 구분할 수 없다라는 것은, 그 연장선 상에 있습니다.

또한, '표정'을 봤을 때 거기에서 상대방의 감정을 읽어 내는 것도 어렵습니다. 이것은 보이는 것의 '움직임'을 해석하는, 뇌의 '측두엽'이란 부분에 장애가 있는 것과 연관이 있다고 알려져 있습니다.

예를 들어, 화난 표정으로 접근해 가도 그것을 보고 자신이 상대방을 화나게 했다라는 것을 이해하기가 어렵습니다. 상대방의 상태에 적절한 태도를 취하지 못 하기 때문에, 어디에 가더라도 인간 관계가 매끄럽게 되지 못 합니다.

보이는 것의 '움직임'을 해석하는 뇌의 활동에 장애가 있다

아스퍼거 증후군인 사람에게 있어서, '사람의 얼굴 만큼 이해하기 어려운 것도 없다

매일 보는 동료나 친구의 얼굴을 기억할 수 없다

곤란감!

Point 아스퍼거 증후군인 사람은, 보이는 것의 움직임을 해석하는 뇌의 활동에 장애가 있다. 그 때문에 표정으로부터 상대의 감정이나 생각하고 있는 것을 읽어 내기가 곤란하다. 상대방의 상태에 적합한 태도를 취할 수 없기 때문에 어디에 가더라도 인간관계가 서먹서먹해지고 만다.

본인은 '사는 것이 힘들다고' 느끼고 '괴로운 마음' 이다

상황에 적합한 표정을 취할 수 없는 게 아스퍼거 증후군이지만 희로애락은 있기 때문에 여러 상황에서 괴로운 마음이 듭니다

　아스퍼거 증후군인 사람은, 그 상황에 맞는 표정을 지을 수 없기 때문에 '희로애락이 없는 게 아닐까?'라고 생각되는 경우가 자주 있습니다. 그러나, 아스퍼거 증후군인 사람도, 당연히 기쁠 때나 슬플 때가 있습니다.

　예를 들면, 아스퍼거 증후군인 사람은 자신의 모든 것을 받아주는 조부모에게 사랑을 받으며 자란 경험을 가진 사람이 많다고 알려져 있습니다. 그런 조부나 조모가 돌아가셨을 때에도, 슬픈 얼굴을 할 수 없기 때문에 주위에 그 슬픔을 전하지 못합니다. 그러나, 나중에 '슬퍼서, 이젠 그만 죽어버리고 싶다'와 같이 말하여, 주위를 놀라게 하는 일이 있습니다.

　이처럼, 여러가지 일에 생각이 미쳐서 고뇌를 깊게 하는 것이겠지요. 주위에서 여간해서는 이해하기 힘들겠지만, 본인은 사는 것이 힘들다고 느끼면서 하루하루 생활을 해 나가고 있는 것입니다.

아스퍼거 증후군인 사람에게는 '감정이 없는' 것이 아니다

그 장소에 걸맞는 '표정'을 할 수 없다

예를 들면……

그렇게 귀여움을 받았으면서 말이야

관심없는 얼굴을 하고 슬프지도 않은 걸까?

그렇지만 나중에 ……

'할아버지가 돌아가셔서. 슬프고, 슬퍼서, 이젠 죽어버리고 싶어' 과 같은 발언을 해서, 주위를 놀라게 한다.

Point 아스퍼거 증후군인 사람에게도 '희로애락'은 있다. 그 장소에 맞는 표정을 취할 수 없는 탓에 주위로 부터 오해를 받고, 괴로워 한다.

'우울증'이나 '불안장애' 등
'이차 장애'를 일으키는 경우도

아스퍼거 증후군 특유의 행동이 계속 부정적으로 받아들여지게 되면 자신에 대한 자신이 없어져, 머지않아 다른 정신질환을 일으키는 경우가 있습니다.

독특한 행동을 취하는 아스퍼거 증후군인 사람에 대해 사회의 이해가 충분하게 이루어지고 있다고는 할 수 없습니다. 그 때문에, 아스퍼거 증후군인 사람은 여러가지 사회 상황 속에서 오해받기 쉽습니다.

본인은 전혀 악의가 없었는데, 악의가 있는 것으로 오인받고 미움을 받거나 비난 받는 일도 많아, 까닭 없이 큰 상처를 받고 아파하는 경우도 드물지 않습니다.

마음의 상처가 깊어지면, '우울증' '불안장애'와 같은 다른 병이 나타나는 일도 있습니다. 또한, 따돌림을 당하는 일도 많아서, 괴로운 일상에서 도망가려고 '알코올 의존증'에 빠지는 경우도 있습니다.

이처럼, 이차적으로 발생되는 병을 '이차 장애'라고 합니다. 주위의 이해와 올바른 대응이 있다면, 이차 장애를 막는 것은 가능합니다. 가족을 포함해서, 주위 사람들이 아스퍼거 증후군에 대한 이해를 깊게 하는 것이 중요합니다.

주위의 몰이해가 우울증이나 불안 장애 등을 일으키는 일도 있다

뇌의 특성상 독특한 행동을 취하는 아스퍼거 증후군인 사람들

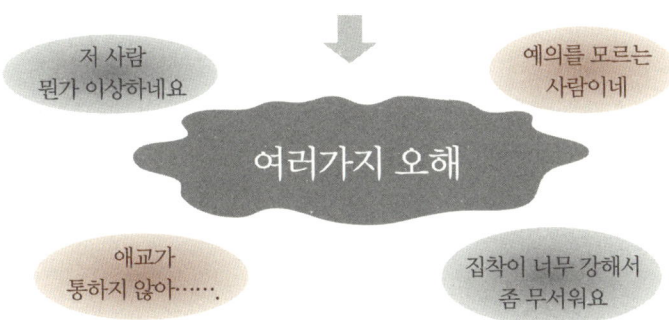

본인에게 '악의'가 없는데도, 미움을 받거나 비난 받는 경우가 많아진다

> **Point** 주위의 이해와 올바른 대응을 통하여 이차 장애를 방지하는 것은 가능하다. 아스퍼거 증후군에 대한 이해를 깊게 하는 일이 무엇보다 중요하다.

'브랜드화' 한다!?
아스퍼거 증후군

아스퍼거 증후군인 사람은, 비록 흥미의 폭이 좁지만 한가지 사물에 대해서 굉장히 깊이 있는 지식을 갖는 경향이 있습니다. 그 중에는, 전후 몇 년 분인가의 달력을 전부 기억하고 있거나, 많은 양의 읽기 어려운 한자를 완벽하게 암기하고 있거나, 눈에 띄는 음악적 재능을 가지고 있는 등, 특이하다고 할 정도의 높은 능력을 보이는 사람이 있습니다(비슷한 특징이 있는 자폐장애를 '서번트 증후군(Savant Syndrome)'이라고 부르는 경우가 있습니다).

이와 같이, 아스퍼거 증후군은 '머리가 좋은 사람'이란 이미지가 퍼지고 있는 것 같은데, 어떤 의미에서 아스퍼거 증후군이 '브랜드화' 해 간다고도 할 수 있는 상황이 되고 있습니다.

그 때문에, 진찰실에서 제가 아무리 아니라고 말해도, '나는 왜 아스퍼거 증후군이 아닙니까?'라고, 물고 늘어지는 환자에게 입을 닫아 버리는 일도 종종 있습니다. 그러나, 실제로 '진짜' 아스퍼거 증후군은, 그 정도로 많지 않습니다. 제가 진찰실에서 실감한 것으로는 6분의1 정도가 아스퍼거 증후군, 2분의 1이 전반적 발달장애, 나머지가 인격장애와 같은 상황입니다.

그 중에는 업무를 잘 수행할 수 없고, 직장에서 인간관계가 원만하지 되지 못한 것과 같은 문제를, 아스퍼거 증후군 탓이라고 결론 내버리고 진찰 받으러 오는 사람도 있습니다. 그러한 사람들은 병을 희생양으로 삼기 전에 우선 자신의 사고방식이나 사는 방식을 다시 돌아 볼 필요가 있는 것은 아닐까요?

제2장

아스퍼거 증후군의 이해를 위하여

현재, 아스퍼거 증후군을 밝혀내기 위해서 뇌 과학적인 측면에서의 연구가 진행되고 있습니다. 서서히 밝혀지는 것들도 있어서, 연구를 치료에 연결시키려는 노력들이 이루어지고 있습니다.

성인 아스퍼거 증후군을
'진단해주는' 곳은 '어느 과'?

성인 아스퍼거 증후군은 정신건강의학과에서 진료받는 것이 기본입니다. 그러나 발달장애를 잘 이해하고 있는 의사를 선택하는 것이 중요합니다.

　아스퍼거 증후군은 성인이 되고나서 '삶의 어려움'에 대처하기 위해서도 될 수 있으면 어렸을때 발견하고, 치료하면서 교육을 시작하는 것이 바람직하다고 할 수 있습니다. 그러나, 현실에서는 성인이 될 때까지 알아차리지 못하고 지나쳐 버리는 경우도 많습니다.

　성인이 되고 나서 치료를 시작하는 경우 역시 대학병원이나 종합병원의 정신건강의학과에서 진료받는 것을 권하고 싶습니다. 제가 치료를 하고 있는 병원에서처럼 '성인 아스퍼거 외래'를 열고 있는 병원이 가장 좋다고 할 수 있겠죠?

　그러나 아스퍼거 증후군의 진단을 내릴 수 있는 전문의가 있는 병원은 실제로 그다지 많지 않습니다. 진료받은 의료기관에서 아스퍼거 증후군에 대해 잘 알고 있는 의사가 없으면 다른 정신질환으로 오진 받을 수 있습니다. 될 수 있으면, 사전에 전화 등으로 아스퍼거 증후군을 진찰해주는지 여부를 확인하는 것이 좋습니다. 또한 심리 상담사가 상담해주는 경우도 있습니다.

발달 장애에 대하여 숙지하고 있는 정신건강의학과 의사를 선택하는 것이 중요

'성인 아스퍼거 외래'를 개설해 놓은 대학병원이나 종합병원의 정신건강의학과가 최고

다만……

아스퍼거 증후군의 진단을 내릴 수 있는 전문의가 있는 병원이나 클리닉은 아직도 적은 것이 현실이다. 경우에 따라서는 다른 정신질환으로 오진받을 수도 있다. 사전에 아스퍼거 증후군을 잘 알고 있는 의사가 있는지 전화 등으로 확인해 볼 것을 권한다.

성인은
'정신건강의학과'
*아동의료기관에서도 성인을 대응해줄 가능성은 있다.

어린이는
'소아신경과'
'소아정신건강의학과'

 성인의 경우, 아스퍼거 증후군으로 진단을 받아도 '치료법은 없습니다' 라고 문전박대와 같은 대응을 하는 의료기관도 많은 것이 현실이다.

발병의 원인은 '유전'?
'부모의 양육 방식'?

현재는 아직 병의 원인을 특정할 수는 없지만, 유전적인 요인이 어느 정도 관련 있는 것이 아닌가라고 생각되고 있습니다.

아스퍼거 증후군을 포함한 자폐 스펙트럼장애는 여러가지 요인이 맞물려져서 발생한다고 생각되고 있습니다. 현재로서는 확실한 원인을 특정하지 못하고 있는 것이 현실입니다.

단, 자폐 스펙트럼장애인 쌍둥이를 조사해 보니 일란성 쌍둥이의 경우 60~90%의 비율로 함께 발병하는 것으로 알려져 있습니다. 한편 이란성 쌍둥이의 일치율은 3~10%입니다. 이러한 것으로 보아도 병의 발병에는 어떤 특정한 유전자가 관련되어 있는 것은 아닐까라고 추측하고 있습니다. 다만, 원인이 되는 유전자를 아직 규명하지는 못하고 있습니다.

또한, '자폐장애는 엄마의 육아에 대한 애정이 결여되어 있기 때문'이라고 생각하던 시절도 있었습니다만, 현재는 그 생각은 명확히 잘못되었다고 생각됩니다. 발병 원인에 대해서는 유전자 외에 태내 환경의 영향 등도 고려 되고 있습니다.

원인은 다양하지만 '양육 방식'과는 관계없다

'자폐장애는 엄마의 애정부족'이라고 생각하던 시절도 있었지만, 현재는 그 생각은 부정되고 있다. 부모의 양육방식에 의해서 발생하는 일은 없다.

아스퍼거 증후군을 포함한 자폐 스펙트럼장애는 여러가지 원인이 서로 맞물려져서 발생한다고 생각된다. 원인에 대해서도 많은 연구가 이루어지고 있지만 지금으로서 현재 확실한 것은 알려져 있지 않다.

병의 발병에는 무언가 복수의 유전자가 관련있는 것이 아닌가 추측하지만, 유전자를 규명하는 데까지는 이르지 못하고 있다. 그러나 유전자가 관련있다고 해도 몇 개의 '유전자 변이'가 조합을 이루어야 비로서 '아스퍼거 증후군이 되기 쉬운 상황'이 만들어진다. 유전자 변이란 것은 일반적으로 나쁜 것처럼 생각되기 쉽지만 인간을 비롯하여 모든 동식물에 자연적으로, 일정한 빈도로 일어나고 있다.

원인은 유전? 환경?
'에피제네틱스(epigenetics)' 견해

아스퍼거 증후군의 원인의 하나로서, 환경인자가 유전자에 영향을 준다고 하는 '에피제네틱스'라는 설이 있습니다.

일반적으로, 병의 원인은 '유전적 요인', '환경적 요인' 두 가지로부터 생각되어져 왔습니다. 그러나 최근 수 년 동안에 이 두 가지 중 한가지만으로는 원인을 밝힐 수 없는 면이 있다는 설이 나오고 있습니다. 아스퍼거 증후군을 비롯한 발달장애의 원인으로서 한가지 더 생각되는 것이 유전적인 정보도 환경 인자에 의해서 변할 가능성이 있다는 '에피제네틱스'라는 견해입니다.

이것은 아이가 엄마의 뱃속에 있을 때 엄마의 몸이 어떠한 형태로 화학물질의 영향을 받아서 태아의 뇌가 발달해 가는 도중에 어떤 장애가 일어나는 것은 아닌가 하는 생각입니다. 즉, 유전자 그 자체가 변화한다기 보다 '화학 물질이라고 하는 환경적 요인이 유전자의 활동을 이상하게 만든다'고 하는 설입니다.

발달장애에 관여하는 화학물질로서는, 다이옥신(Dioxin), 폴리염화비페닐(Polychlorinated Biphenyl, PCB), 비스페놀 A(Bisphenol A) 등의 환경 호르몬을 들 수 있습니다.

어떤 화학물질이 유전자의 활동을 변화시킨다

에피제네틱스란……

'유전적인 정보도 환경 인자에 의해서 변할 가능성이 있다'라고 하는 견해. DNA(디옥시리보핵산) 그 자체는 변하지 않지만, DNA가 RNA(리보핵산)으로 전사되고 번역된 단백질이 합성되는 과정에서 화학물질이나 양육환경에 의해서 변화하고, 결과적으로 유전자의 활동을 변화시켜 버리는 것. 예를 들어 엄마가 임신 중의 모체가 화학물질의 영향을 받으면 태아의 뇌가 발달해 가는 도중에 어떠한 장애가 일어나는 경우가 실험적으로 증명되어 있다.

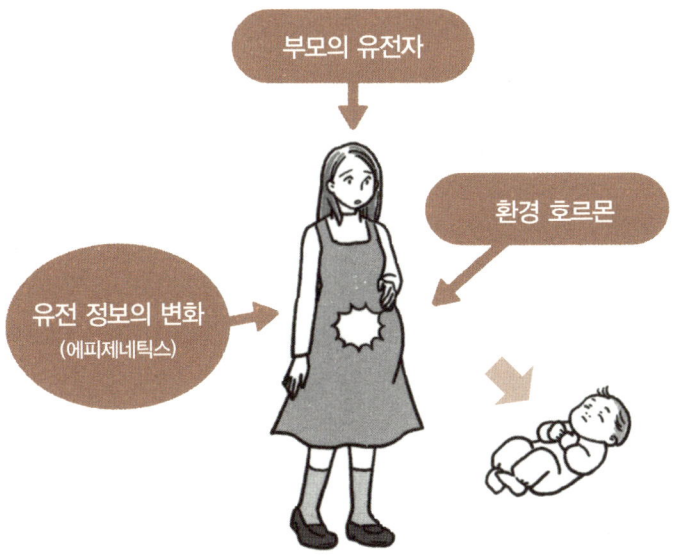

발달장애의 원인으로서 생각되는 것

뇌과학으로부터 생각하는 아스퍼거 증후군과 '미러뉴론'과의 관계

아스퍼거 증후군 특유의 '공감성이 떨어지는 것'은 뇌내에 있는 '미러뉴론'이라는 신경세포군과 깊은 관련이 있습니다.

    아스퍼거 증후군을 포함한 '자폐 스펙트럼장애'인 사람들은 소꿉놀이나 모방 놀이를 잘 못합니다.

    원숭이의 행동을 연구한 결과 알게 된 것이 '미러뉴론'이라는 신경세포군의 존재입니다. 예를 들어 인간은 상대방이 뭔가를 먹는 모습을 보면 자연스럽게 자신도 머리 속에서 먹는 일을 상기하게 됩니다. 이것이 미러뉴론이며 이를테면 '모방신경'이라고도 합니다. 하품이 옮겨지는 것도 미러뉴론의 작용입니다. 상대방의 행동을 뇌 속에서 되풀이 해봄으로써 상대방의 생각을 알 수 있고 결국 상대방에 대한 이해로 연결됩니다. 이것이 공감성의 기본이며 아스퍼거 증후군인 사람은 그 활성이 보통사람보다 낮다는 것이 실험으로 증명되고 있습니다.

    아스퍼거 증후군인 사람들은 미러뉴론의 활성도가 낮기 때문에 상대방의 행동을 공감할 수 없고 이해할 수 없는 행동을 하게 된다고 생각됩니다.

인간은 상대방의 행동을 뇌 속에서 흉내내고 있다

상대방의 기분은 '말'이나 '몸짓'으로 표출된다

⬇

그 표출된 '기분'을 살펴서 아는 능력이 '공감성'

'기분'이란 것은 상대방의 행동을
'자신의 입장으로 바꿔놓고' 생각하지 않으면 이해할 수 없다

⬇

그러나 아스퍼거 증후군인 사람은
그 '바꿔놓는 것'을 할 수 없다

'미러뉴론'이란……

상대방의 행동을 뇌 속에서 모방하는 활동을 하고 있는 신경세포군. 예를 들면, 상대방이 바나나를 먹는 모습을 보면, 자연스럽게 자신도 머리 속에서 바나나를 먹는 일을 상기하게 된다. 그 때에, 활동하고 있는 것이 미러뉴론이며, 하전두회(44구역)에 위치해 있다고 한다.

상대방의 행동을
자신의 뇌에서 살펴 봄으로써
상대방의 생각을 알고,
상대방에 대한 이해로
연결된다.

아스퍼거 증후군인 사람들은,
미러뉴론의 활동이 느려서,
상대방의 행동을
잘 이해할 수 없다.

하품을 이 전염되는 것도
미러뉴론의 작용이다

아스퍼거 증후군의 '삶의 어려움'의 원인을 '뇌영상 검사'로 알 수 있나?

최근 수년 동안 성능이 향상된 뇌영상 기기를 이용해서 아스퍼거 증후군과 뇌 기능의 관계가 조금씩 밝혀지고 있습니다.

　뇌영상 검사로 알 수 있는 것은 뇌의 크기나 혈류 등입니다. 뇌영상 검사에 의해서 외부로부터 어떠한 자극을 받았을 때 정상 발달을 하는 사람은 어느 부분이 어떻게 반응하는 지를 조사해서 아스퍼거 증후군을 포함한 '자폐 스펙트럼장애'인 사람과의 차이점을 밝히는 일이 가능하게 되었습니다.

　자폐 스펙트럼장애인 사람에게 특히 보이는 것은 뇌의 전두엽에 있는 44구역(우측의 하전두회)이 작다는 것입니다. 44구역의 부피가 작을수록 사회성 장애가 많이 보입니다. 거기에다 44구역에 기능부전이 있다는 것도 뇌영상 검사로 알게 되었습니다.

　또한, 아스퍼거 증후군인 사람은 색이나 형태 등의 '정적'인 것을 인지하는 능력은 높지만 '동적'인 것을 파악하는 것은 서툽니다. 그 시각적인 특징에 대해서도 뇌영상 검사에 의해서 측두엽의 일부인 뇌구(상측두부)라는 부분의 기능이 약한 것이 원인이지 않을까라고 생각되고 있습니다.

뇌의 크기나 혈류량을 조사하여 행동 특성을 푸는 열쇠로…

자폐 스펙트럼장애인 사람은, 뇌의 전두엽에 있는 44구역이란 부분이 작다

뇌의 구조

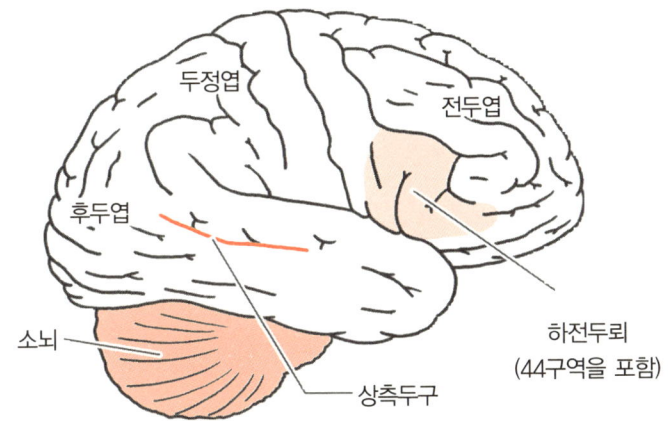

44구역의 부피가 보다 작을수록, 사회성 장애가 많이 보인다.
또한, 뇌영상 검사에 의해서 44구역에 기능부전이 있는 것도 알게 되었다.
(동경대학의학부정신의학교실 Dr. Hidenori YAMASUE 등이 조사)

Point 아스퍼거 증후군인 사람은 정적인 것을 인식하는 능력은 높은 반면, 동적인 것을 파악하는 것은 서툴다. 그 독특한 시각에 대해서도 뇌영상 검사에 의해서 우측의 '상측두구'이라는 부분의 기능이 약한 것으로 밝혀졌다. 그 부분이 약하면 동적인 것을 잘 파악할 수 없다.

아스퍼거 증후군인 사람 특유의 '뇌의 활동방식'이란?

기능적 뇌영상 검사로 뇌를 조사해 보면 아스퍼거 증후군인 사람은 정상적 발달을 하는 사람과는 다른 산소 소비를 하고 있는 것을 알 수 있습니다.

정상적 발달을 하는 사람과 아스퍼거 증후군인 사람 양쪽에게 "'아'로 시작되는 단어를 계속 얘기해 보세요"라는 실험을 했습니다. 그 때 피험자의 IQ(지능지수)는 동등하고 과제를 끝내 보니 두 사람이 말한 갯수도 거의 같았습니다.

그러나 검사 중 뇌의 활동방식을 따라가 보니, 정상적 발달을 하는 사람은 과제가 진행됨에 따라서 전두엽의 산소 소비량이 늘어나고 있는 것을 알 수 있었습니다. 그러나 아스퍼거 증후군인 사람의 산소 소비량은 처음부터 끝까지 일정했습니다. 즉, 정상적 발달을 하는 사람과 아스퍼거 증후군은 사람의 뇌의 사용 방식이 명백하게 다르다는 것을 알 수 있습니다.

이로부터, 아스퍼거 증후군인 사람은 항상 전두엽을 풀가동하고 있는 것이 아닐까라고 추측됩니다. 뇌의 산소 소비량을 조사함으로써 아스퍼거 증후군인 사람의 뇌는 필시 계속 긴장하고 있다는 것을 잘 알 수 있습니다.

> 정상적 발달을 하는 사람과는 다른 특징적인 뇌의 대사

> 정상적 발달을 하는 사람과 아스퍼거 증후군인 사람 양쪽에게
> "'아'로 시작되는 단어를 계속 얘기해보세요"라고 지시

> 피실험자의 IQ는 동등하고 과제를 끝내보면 결과도 거의 같다

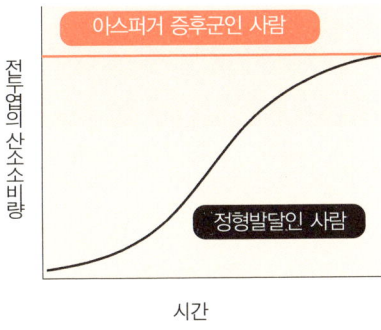

정상적 발달을 하는 사람은 과제가 진행됨에 따라서 전두엽의 산소 소비량이 늘어나지만, 아스퍼거 증후군인 사람의 산소 소비량은 처음부터 끝까지 일정하다. 산소 소비량의 증가에 차이가 있는 것으로부터 뇌의 사용방식이 다르다는 것을 알 수 있다.

이것으로부터…

아스퍼거 증후군인 사람은, 항상 전두엽을 전부 가동하고 있는 것은 아닐까라고 추측된다

아스퍼거 증후군 치료의 열쇠 '옥시토신' 이란?

아스퍼거 증후군의 원인은 아직 확실히 규명되지 않았습니다. 그것을 밝히는 한가지 방법으로써 유전자 연구가 진행되고 있습니다.

아스퍼거 증후군을 포함한 '자폐 스펙트럼장애'의 유전자 연구는 이전부터 여러가지 형태로 시행되고 있습니다. 예를 들어 '결절성 경화증'이라는 병의 연구에서 자폐장애 원인 유전자를 찾으려고 하기도 하고, 전형적인 자폐장애 환자의 유전자를 많이 모아서 분석한 연구도 있습니다.

여러 가지 연구의 결과 어느 정도는 알게 되었지만 '이 유전자'라고 꼭 집어서 유전자를 특정할 수 있는 데에까지는 이르지 못했습니다.

그런데, 최근 들어서 '옥시토신'이라는 체내물질이 아스퍼거 증후군을 포함한 '자폐 스펙트럼장애'의 공통요인이 아닐까 하고 생각하게 되었습니다. 옥시토신을 활동하기 어렵게 하는 유전자를 규명하려는 연구가 치료로 이어질 가능성이 생긴 것입니다. 현재 환자의 협력을 얻어 후보가 되는 유전자를 분석하여 치료를 개발하기 위한 연구가 진행되고 있습니다.

발병에는 어떤 유전자가 연관되어 있다고 추측된다

'자폐 스펙트럼장애'의 유전자 연구는 지금까지 다양한 형태로 이루어져 왔다

'결절성 경화증'이란 병은 원인유전자를 알고 있지만 그것의 약 절반에서 자폐장애이 보인다. 이미 알려진 유전자를 실마리로 자폐장애 유전자를 특정하려는 연구.	전형적인 자폐장애 환자의 유전자를 많이 모아서 해석하는 연구.

어느 정도는 알게 되었지만, '이 유전자'라고 꼭 집어서
유전자를 규명지을 수 있는 데 까지는 이르지 못했다

최신 유전자 연구

'옥시토신'이란 체내물질이 '자폐 스펙트럼장애'의 공통요인이 아닐까?

옥시토신을 활동하기 어렵게 하는
유전자를 규명하려는 연구가 진행되고 있다

'신뢰호르몬'이라고 불리는 '옥시토신'이란 어떠한 것?

'옥시토신'이라는 호르몬에는 상대방을 '신뢰하는' 작용이 있다고 생각됩니다. 이것으로부터 사회성 등과의 관련이 추측됩니다.

아스퍼거 증후군을 밝히는 한가지 방법으로써 뇌과학 연구분야에서 주목을 받고 있는 것이 '옥시토신'이라는 호르몬입니다.

옥시토신은 옛날부터 진통촉진제나 모유분비를 촉진하기 위해서 쓰이는 호르몬입니다. 그러나 아스퍼거 증후군의 연구에서 주목 받기 시작한 것은 Prairie vole라고도 불리는 들쥐의 행동연구에 의한 것이었습니다.

들쥐에는 평야 들쥐와 산악 들쥐가 있지만, 평야 들쥐는 일부일처제, 산악 들쥐는 일부다처체를 취하고 있습니다. '같은 들쥐면서 왜 이런 차이가 나는 것일까'라는 것에서부터 연구가 시작되어서 일부일처제인 평야 들쥐에게는 보다 많은 옥시토신이 작용하고 있기 때문에 서로 상대방을 신뢰하고 협력해서 새끼를 키우고 있다는 것을 알게 되었습니다. 옥시토신은 이른바 사회성과 협조성에 깊이 관여하는 '신뢰 호르몬'인 것입니다.

동물의 행동 관찰로부터 발견된 '신뢰호르몬'

'옥시토신'은 진통촉진제나 모유분비를 촉진할 때 사용되고 있는 옛날부터 알려진 호르몬. 동물의 행동 관찰로부터, 옥시토신에는 상대방을 신뢰하는 작용이 있다는 것을 알게 되었고 사회성이나 협조성에 관여하는 뇌 내 호르몬으로써 발달장애 분야에서도 주목 받고 있다.

들쥐의 행동관찰

평야들쥐
(일부일처제)

평야들쥐의 수컷에서는 옥시토신의 효과가 크고, 수컷이 특정한 암컷과 보금자리를 만들고 함께 새끼를 키운다

산악들쥐
(일부다처제)

산악들쥐의 수컷에서는, 옥시토신의 활동이 약하다. 수컷은 짝짓기만하고 새끼 키우기에는 참여하지 않는다. 이것은 쥐에서는 일반적인 일이다.

Point 들쥐의 행동 연구로부터 옥시토신은 사회성이나 협조성에 깊이 관여하는 '신뢰호르몬'이라는 것을 알게 되었다.

'옥시토신'과 '아스퍼거 증후군'의 관계

신뢰호르몬인 '옥시토신'은 사회성이나 협조성을 높입니다. 그러므로 아스퍼거 증후군의 행동과도 관계가 있는 것으로 생각됩니다.

동물 연구로부터 밝혀진 옥시토신은 뇌 내에서도 작용하는 것으로 추측되며, 사회적 의사소통이나 타인과의 공감 형성에 장애를 지닌 아스퍼거 증후군과도 관계가 있는 것이 아닌가라고 생각됩니다.

아동은 본래 무조건적으로 부모를 신뢰하는 것이 일반적이지만, 아스퍼거 증후군인 아이는 부모를 향한 애착 행동이 부족한 것으로 여겨집니다. 그래서 아스퍼거 증후군의 경우, 뇌 내의 '옥시토신'의 대사, 또는 '옥시토신 수용체'의 작용이 약한 것으로 추측할 수 있습니다.

또한, 아스퍼거 증후군은 여성보다 남성에게 4배 가량 높게 나타나고 있습니다. 일반적으로도 남성보다 여성이 협조성이 높은 법입니다. 자녀의 양육에 깊이 관여하는 여성의 모성에 있어서 옥시토신은 중요한 호르몬인 것입니다. 이환율에 남녀 차이가 있는 것은 이 호르몬의 영향일지 모릅니다.

아스퍼거 증후군인 사람은 옥시토신 작용이 약하다?

보통, 아이들은 무조건적으로 부모를 신뢰하지만, 자폐장애 아동은 선천적으로 '부모를 신뢰하는' 애착행동이 결핍되어 있다.

아스퍼거 증후군인 사람은 뇌 내의 '옥시토신' 작용이 약한 것은 아닐까?

자녀의 양육에 깊이 관여하는 여성이 지닌 모성에 있어서 옥시토신은 매우 중요한 호르몬으로 여겨진다. 또한, 일반적으로도 남성보다 여성이 협조성이 높은 법이다.
아스퍼거 증후군이 여성보다 남성에게서 많이 나타나는 것은 옥시토신의 작용과 관련이 있을 수 있다.

앞으로의 '옥시토신 연구'에 대한 '기대'

현재, 아스퍼거 증후군의 치료에 옥시토신이 유효하게 활용 가능한 지에 대한 연구가 조금씩 진행되고 있습니다.

옥신토신이 잘 작용함으로써 '신뢰행동', '애착행동', '협조성' 등이 높아지는 것을 통해, 아스퍼거 증후군을 포함한 '자폐 스펙트럼장애'을 가진 사람들에게 옥시토신이 일종의 치료법으로 이어지지 않을까 생각됩니다.

옥시토신의 '신뢰성'을 높이는 효과는 동물실험만으로 얻어진 것은 아닙니다. 실제 구미에서는 사람을 대상으로 옥시토신을 코로 흡입한 군과 그렇지 않은 군 간에, 신뢰관계에 차이가 있는지 비교실험을 하였습니다. 실험결과는 옥시토신을 흡입한 군 쪽이 상대방을 더 신뢰한다는 확실한 결과가 나왔습니다.

자폐 스펙트럼장애는 여러 가지 원인이 서로 밀접하게 관련되어서 발병하는 것입니다. 그러므로 옥시토신이 모든 것을 해결한다고 단정적으로 만할 수는 없습니다. 그러나, 앞으로 이 치료법이 한 가닥 희망이 되기를 기대하는 바입니다.

옥시토신이 아스퍼거 증후군의 치료로 이어질 가능성

옥시토신이 잘 작용하면……

신뢰행동 **애착행동** **협조성**

높아진다!!

아스퍼거 증후군의
치료로 이어지지 않을까……

심신이 건강한 남자 대학생에 의한 비교실험

※ 옥시토신을 코에 분무하고 돈을 주고 받는 신뢰 게임을 함.

옥시토신을 흡입한 군

상대방에 대한 신뢰성,
협조성이 높아짐

옥시토신을 흡입하지 않은 군

상대방에 대한 신뢰성,
협조성이 높아지지 않음

게임 결과는 옥시토신을 흡입한 군 쪽의 성적이 좋았다.

Point 아스퍼거 증후군은 여러 가지 원인이 서로 밀접하게 관련되어서 생기므로, 옥시토신으로 전부 해결된다고 단정할 수는 없습니다. 그러나 앞으로 이 치료법이 한 가닥 희망이 되기를 기대해 봅니다.

아스퍼거 증후군과
'외상후 스트레스장애'와의 유사점

아스퍼거 증후군인 사람은 순간적인 장면을 사진처럼 포착할 수 있습니다. 때로는 과거의 영상이 순간적으로 떠오르기도 하므로 외상후 스트레스장애와 매우 유사합니다.

 아스퍼거 증후군인 사람은 그 장면의 상황을 세세하게 순간적으로 기억하고 있는 독특한 시각을 지니고 있습니다. 그들의 시각이 '카메라 눈'이라고 불리는 것은 이 때문입니다. 머리에 기억한 장면을 생각해 낼 때는 갑자기 그 광경이 눈 앞에서 펼쳐지는 것처럼 뚜렷이 떠오릅니다.

 그 회상방식은 불안장애의 일종인 '외상후 스트레스장애(Post Traumatic Stress Disorder, PTSD)'의 '재연(Flash Back)'과 많이 유사합니다. 외상후 스트레스장애는 자연재해나 대형사고, 학대와 같은 매우 충격적인 사건을 경험한 후에 그 공포스러웠던 체험을 갑자기 회상하게 되는 정신질환입니다. 그 외에도 악몽을 꾸거나 집중력이 떨어지거나 극도의 경계심을 지니거나 지나치게 겁내거나 하는 증상을 나타낼 때도 있습니다.

 아스퍼거 증후군인 사람이 이전의 불쾌한 체험을 갑자기 떠올리는 것과 외상후 스트레스장애의 재연은 뇌 내에서의 유사한 반응이 일어나는 것이라고 할 수 있습니다.

PTSD와 유사한 반응이 일어난다

외상후 스트레스장애란……

자연재해나 대형사고, 학대 등의 매우 충격적인 사건을 경험하여, 그 당시의 공포스러웠던 체험을 갑자기 회상하게 되는 불안장애.
뇌 내에서 갑자기 회상되는 '재연(Flash Back)'이 특징. 그 외에 악몽을 꾸거나 집중을 할 수 없거나 극도로 경계심을 지니거나 작은 자극에도 지나치게 놀래거나 하는 증상을 보인다.

외상후 스트레스장애의 재연(Flash Back)은 아스퍼거 증후군의 '돌연상기'와 유사하다

※ 카메라 눈
아스퍼거 증후군인 사람은 그 장면의 상황을 세세하게 순간적으로 기억하는 독특한 시각을 지니고 있다. 이것을 카메라 눈이라고 한다.

아스퍼거 증후군인 사람은 뇌 내에 저장된 시각적인 기억을 지금 눈 앞에서 일어나고 있는 일처럼 생각해 낸다. 게다가 그 기억은 시계열에 따른 것이 아니다. 그것은 외상후 스트레스장애의 재연(Flash Back)과 비슷한 상기이며, 뇌 내에서도 같은 기전이 작용하는 것으로 생각된다.

성인 아스퍼거 증후군은
어떻게 치료하나요?

아스퍼거 증후군 자체에 효과가 있는 약은 현재 없습니다. 증상을 살펴서 본인의 '곤란감'을 경감하는 치료를 합니다.

  아스퍼거 증후군을 지닌 상태로 성인이 된 사람은 어떠한 형태로든 마음의 상처를 가진 경우가 드물지 않습니다. 그 때문에 우울증이나 불안장애, 알코올 중독 등의 이차 장애로 괴로워하는 사람이 매우 많다고 할 수 있습니다. 또한, 기분이 쉽게 바뀌거나 잠이 잘 오지 않거나 시간 감각의 장애(과거와 현재가 연결되지 않는 감각이 있음), 빈번한 '재연(Flash Back)' 등으로 괴로워하는 경우도 자주 있습니다.

  현 시점에서는 근본적으로 아스퍼거 증후군을 치료할 약은 없습니다. 그러나 이차 장애를 포함한 '괴로운 증상'들을 경감시키기 위해 항우울제나 항정신병 약물 그리고 기분조절제를 사용하는 경우가 있습니다. 약으로 모든 것을 해결할 수는 없습니다. 그러나 '삶의 괴로움'을 줄이는 효과는 충분히 있습니다.

  그 외, 낮병원이나 외래에서 '사회성 증진 프로그램' 등으로 적절한 사회적 행동을 배우는 치료도 합니다.

괴로운 증상을 줄이기 위한 약을 복용하기도……

현단계에서는 근본적으로 아스퍼거 증후군을 치료할 약은 없으나, 이차 장애를 포함한 '괴로운 증상'을 줄이기 위해서 항우울제, 항정신병 약물 또는 기분조절제를 사용하여 치료하고 있다.

항우울제
기분의 저하나 수면 장애와 같은 우울증상을 경감시킨다.

항정신병 약물
정신적인 흥분 등을 진정시키는 작용이 있다

기분조절제
기분의 기복을 안정시켜 생활 리듬을 회복시키는 효과가 있다.

※ 치료제는 기분이 쉽게 바뀌거나 수면을 잘 취하지 못하거나, 시간 감각의 장애, 빈번한 재연(Flash Back) 등 '아스퍼거 증후군 특유의 증상'과 우울증이나 불안장애와 같은 '이차 장애'에도 사용된다.

Point 약은 반드시 의사의 지시에 따라 복용할 것 또한, 복용과 함께 '낮병원이나 외래에서' 사회행동을 배우기도 한다.

'낮병원'에서는 주로 어떤 것을 하나요?

정신건강의학과에서는 치료의 일환으로 '낮병원'을 운영하는 곳도 있습니다. 그 곳에서 원활한 사회생활을 하기 위한 대처 방법을 배웁니다.

성인 아스퍼거 증후군인 환자들이 가장 힘들어 하는 것은 사회성이나 대인 의사소통의 장애가 있기 때문에 사회에 잘 적응하기 어렵다는 점입니다. 그로 인하여 직업을 오래 유지할 수 없거나 인간관계가 좋지 않아서 삶의 어려움을 느끼는 문제가 발생합니다.

그래서 아스퍼거 증후군의 치료에는 '낮병원'이라는 방법이 이용되기도 합니다. '낮병원'은 의사를 비롯하여 간호사, 작업치료사, 정신보건복지사, 임상심리사 등 여러 스태프가 함께 합니다. 그룹으로 서로의 고민을 이야기하거나 작업활동을 함으로써 '실패했을 때의 대응', '이해하지 못했을 때 묻는 방법' 등, 사회 생활 속에서의 대처 방법을 배웁니다.

치료를 받고 있는 중이지만 아직 일할 자신이 없는 사람, 주위에서 배제되어 있다는 피해의식을 느끼기 쉬운 사람, 고독감이 강한 사람 등에게는 효과적인 방법이라고 할 수 있습니다.

토의나 작업활동을 통해 사회성을 배운다

실패했을 때의 대처방법

타인에게 질문할 때는?

낮병원은 그룹으로 서로의 고민을 이야기하거나 작업활동을 함으로써 사회생활 속에서의 대처방법을 배운다.

낮병원의 실제 사례
'단시간의 집단요법'부터 '장시간의 낮병원'까지

집단요법에는 단시간 요법과 장시간(낮병원) 요법이 있으며, 토의나 의사소통 훈련을 통해 대인관계에 대하여 학습합니다.

통원집단 정신요법

통원집단 정신요법(사회성 증진 프로그램)*
- 대략 주 1회 정도
- 1시간
- 직장이나 학교 등의 관계로 평일 낮병원에 참가하기 어려운 사람이나 낮병원를 체험해 보고 싶은 사람에게 적합하다.

⟨내용⟩
- 아스퍼거 증후군인 환자가 쓴 책을 참고 도서로 하여 그룹으로 학습을 심화시킨다.
- 간단한 사회상식 테스트를 이용하여 '자신이 의도하는 것을 전달할 수 없다', '악의는 없는데 오해를 받는다'와 같은 일상의 '곤란감'을 경감시키기 위해서는 어떻게 하는 것이 좋을지 서로 이야기를 나눈다.
- 능숙한 대화 기법을 익힌다.

※ 역자 주: 역자가 근무하는 국립서울병원 성인발달장애 클리닉에서는 성인 아스퍼거 증후군 환자들의 사회성 증진을 위한 다양한 프로그램이 진행 중이다.

낮병원

- 주 5회까지
- 6시간
- 장시간의 낮병원 치료보다 원활한 사회생활하기 위한 훈련을 한다.

〈내용〉
- 주제토의
  주제를 정하여 주어진 시간 3분 이내에 이야기를 한다. 말하는 연습인 동시에 '상대방이 말하는 것을 듣는' 연습도 된다.
- 자조모임
  구성원이 주체가 되는 프로그램. 당번을 정하여 기획, 운영한다. 주체성과 책임감의 촉진을 목적으로 한다.
- 의사소통 훈련
  대인관계에 필요한 기본적인 대화의 규칙(암묵적인 이해), 적절한 대응 방법 등에 대하여 상황 설정을 한 후에 토론하거나 학습하거나 한다.

쇼와(昭和)대학 부속 카라스야마(鳥山)병원 낮병원 자료에서

컬럼

환자의 수기를 통한 병의 이해

다음은 제가 진료하고 있는 아스퍼거 증후군인 여성 환자가 쓴 글입니다. 누구인지 알 수 없도록 세부내용을 변경하였고 본인의 승낙 하에 게재합니다. 당사자가 아니면 쓸 수 없는 비통한 마음의 절규를 읽고 이해하게 되길 바랍니다. 각 증상의 특징도 '분위기를 파악하지 못한다', '서투름', '사전적인 인식방법', '몽상으로의 몰입' 등의 구체적인 내용으로 잘 표현되어 있습니다. 이렇듯 다양한 증상이 조합되어 최초의 진단이 이루어지므로, 단순히 '분위기 파악이 안 되는 사람'이 아스퍼거 증후군으로 진단되는 것은 아닙니다. 지금은 환자 본인에게 자녀의 존재는 중요한 삶의 보람이 되고 있습니다. 저희도 환자에게 도움이 되도록 노력해야 한다고 생각합니다.

제가 '아스퍼거 증후군'이라고 진단받은 것은 4년 전, 30세가 지나고 나서의 일입니다. 아들이 아스퍼거 증후군이라고 진단받은 것을 계기로 저도 같은 장애가 있다는 사실을 알게 되었습니다. 주치의 선생님에게 추천 받은 책을 읽으며 전부 제 자신에 관한 것 같아 매우 놀랐습니다.

돌이켜보면 저는 어렸을 때부터 다른 사람과는 달랐습니다. 나는 우주에서 온 것이 아닐까라고 생각했을 정도로 말을 이해하는데 시간이 걸렸습니다. 주변사람들로부터는 '저 사람과는 말이 안 통해'라는 말을 들어 소외감을 느꼈습니다. 그렇지만 실제로는 시간을 두고 상대방의 말을 열심히 이해하려고 했던 것입니다. 상대방의 행동이 이해 되지 않아 머리 속에서 시간을 들여 생각해야 이해할 수 있었기 때문에 매우 힘들었습니다.

저는 주변사람들의 생각 없이 내뱉는 말에 몹시 상처를 받았습니다.

그러나 어떻게 표현해야 하는지도 몰랐습니다. 저의 반응이 너무나도 별난 탓이었는지 집단 괴롭힘까지는 아니었지만 무시를 당했습니다.

학교생활에서는 '체육'이나 '음악' 등 두 가지 이상의 동작을 동시에 해야 하는 과목이나, '가정' 같이 순서를 기억해야 하는 과목은 매우 서툴렀습니다. 체육 시간에는 달리고 있으면 공을 던지는 것을 잊어 버렸고, 음악 시간에는 피리에 숨을 불어 넣는 것에 집중하면 손가락 움직이는 것을 소홀히 했습니다. 가정 시간에는 재봉틀의 실을 통과시키는 순서가 아무리 해도 외워지지 않았습니다.

어른이 되어 자동차 운전면허를 딸 때도 학과 시험은 통과했으나, 운전을 하면 손발을 동시에 움직이는 것이 매우 고통스럽고 힘들었습니다. '그렇게 요령이 필요한 일은 할 수 없어!'라고 생각하고 있었는데, 다른 사람들은 아무 문제 없이 잘 해내고 있는 것이 아닙니까.

또한, 사람의 얼굴을 기억할 수가 없어서 헤어 스타일이나 복장으로 기억하려고 노력하였습니다. 그러나, 다음 날이 되어 머리 모양이나 옷이 바뀌어 있으면 이미 누구인지 모르는 상태가 됩니다. 인사를 하지 않는다고 혼난 적도 있고, 반대로 지인에게 '처음 뵙겠습니다'라고 몇 번이나 인사를 한 적도 있었습니다. '상식이 없다'라고 말을 듣는 일이 종종 있어서 '상식사전'이 있으면 얼마나 좋을까라는 생각을 학창시절에는 항상 하고 있었습니다.

여자임에도 불구하고 전철이나 우주, 우주 왕복선을 너무나도 좋아해서 부모님은 '남자로 태어났으면 좋았을 텐데'라고 말씀하시곤 했습니다. '복장이 이상하다', '표정이 인형 같아서 기분 나쁘다'는 등, 정말 여러 가지 말을 들어와서 '나에게는 어떤 말을 해도 괜찮다고 생각하는 걸까?', '나는 상처를 받지 않는다고 생각하는 걸까?'라고 생각했습니다. 스스로는 내 자신이 어딘가 이상하다라고 생각하고 있었으며, 친구도 없었습니다. 저는 구름을 바라보고, 전철을 바라보고, 별을 바라보며 만족해야 했습니다.

16살 때, 처음으로 정신건강의학과 클리닉에 갔습니다. 그 후, 수십 개의 병원을 다녀봤습니다. 그러나 '강박신경증', '저혈압', '이상 없습니다. 정상입니다' 등의 말을 들었고, 마지막에는 '다르다는 건 좋은 거 아닙니까?'라는 말까지 들어 '바로 그것이 싫은 겁니다!'라고 하며 실망한 적도 있었습니다. 초등학생 때부터 자살하고 싶은 마음이 있어 사춘기 때까지는 죽어버리겠다고 생각하고 있었습니다. 그러나, 제가 정상이 아니고 이상하다는 것을 어떤 식으로든 정신건강의학과 의사에게 말해도 전혀 알아주지 않았습니다. 저는 혼자 무력할 뿐이었습니다. 이해해 주는 사람은 한 사람도 없었습니다. 저는 평범해지려고 노력하는 수밖에 없었지만, 그 '방법'조차 알지 못했습니다.

이윽고 의료계의 전문학교에 진학하였습니다. 그러나, 그것은 대실패였습니다. 일의 순서를 외우지 못하고 선생님의 이름이나 환자의 이름이 떠오르지 않는 등, 아무리 노력해도 잘 할 수가 없었습니다. 수업은 결국 못 가게 되었습니다. 그러나, 기억력이 좋아서 자격증은 딸 수 있었습니다.

그러나, 현실적인 업무를 다루는 것은 무리여서 일은 반년 만에 그만두어야 했습니다. 저는 일을 계속하고 싶었고 분했지만, 더 이상 힘을 낼 수가 없었습니다.

21세에 결혼하고 불임치료 끝에 드디어 아이를 얻었습니다. 그런데 아들은 눈을 맞추지 않고 불러도 돌아보지 않는 등, 다른 아이들과 너무나도 달랐기 때문에 저는 육아 노이로제에 걸려 버렸습니다. '설마, 자폐장애……' 머리에서 그런 생각이 들어도 받아들이고 싶지 않았습니다.

한편, 제 자신은 정신건강의학과에 계속 다니며, 유명한 B병원이라는 곳에서 '기질성 정신병'이라는 진단을 받았습니다. 차트에 쓰여 있는 '정신병'이라는 글자에 가슴이 철렁 내려 앉았고 잘 알지 못하는 가운데서도 계속해서 약을 복용해 왔습니다. 그러나, 결국은 수개월 만에 통원 치료를 그만두었습니다.

그리고, 정신건강의학과에서 통원 치료를 시작한지 14년이 지난 30세에 드디어 만나게 된 곳이 운명의 A병원이었습니다. 저는 그곳에서 처음으로 모자가 동시에 '아스퍼거 증후군'이라는 진단을 받았습니다. A병원을 만나서 다행이다라는 생각과 동시에 커다란 쇼크를 받았습니다.

30세에 '발달장애?' 훨씬 전에 아스퍼거 증후군이라는 것을 알았었다면 자폐장애의 아이를 낳는 일은 없었을 텐데……. 그리고, 남편에게도 폐 끼치는 일 없이 지냈을 텐데…….

저는 정신건강의학과 병동에 입원했습니다. 그러나 퇴원 후에도 자살을 시도하는 등, 혼란은 계속되었습니다. 술이 늘고 안주로 약을 먹는 일도 있었습니다.

얼마 후, 아스퍼거 증후군에 관한 여러 가지 책을 읽으며 막연하게나마,' 책의 문장'을 보고 이해되지 않았던 제 자신의 심정을 이해할 수 있게 되었습니다.

저는 지금 A병원에서 훌륭한 주치의 선생님을 만나 어떻게든 살아갈수 있게 되었습니다. 욕심 같아서는 더 빨리 선생님을 만났으면 했습니다. 성인이 되어 좋은 선생님을 만난 사람은 역시나 똑같이 그런 생각을 갖지 않을까 싶습니다. 저는 지금 아스퍼거 증후군인 사람이 안심하고 살 수 있는 이 나라가 되기를 기원합니다.

제3장

사회에서 고립감을 심하게 느끼지 않기 위해서 할 수 있는 일

성인 아스퍼거 증후군인 사람이 사회에서 고립되기 쉬운 면이 있는 것은 확실합니다. 약을 복용하여 '어려움'을 경감시키면서, 병을 잘 이해하고 편안한 삶을 살 수 있게 되었으면 합니다.

아스퍼거 증후군은 '병'인가?
아니면 '개성'인가?

사회복지학적 관점에서 보면, 아스퍼거 증후군은 '개성'이란 표현도 가능하지만, 의학적인 입장에서 보면 '질병'이 됩니다.

    아스퍼거 증후군의 특성인 '완고하다', '집착한다', '분위기를 파악 하지 못한다', '반복적인 작업을 잘한다', '기억력이 좋다', '동료들과 잘 지내지 못한다' 라는 증상은, 개성적인 성격 경향이라고도 할 수도 있습니다.

    사회복지학적 관점에서 보면, 아스퍼거 증후군은 '개성'이며, '질병'이라고는 하지 않는 입장을 취하는 경우가 많은 것 같습니다. 한 사람의 인간으로서 대할 때는, 어떤 의미에서는 그렇게 하는 것이 맞을 지도 모르겠습니다.

    그러나, 눈이 보이지 않는 사람에게 눈이 보이지 않는 것을 '개성'이라고는 아무도 말하지 않습니다. 아스퍼거 증후군은 선천적으로 뇌기능이 한쪽으로 치우치는 '발달장애'라는 질병입니다. '개성'이라는 이중 이름으로 포장하여 문제를 애매모호하게 하기 보다는, 확실히 '질병'으로 파악해서 적절하게 대응해 나가는 것이 의료에서의 올바른 자세라고 할 수 있습니다.

사회복지학적 관점에서는 '개성'이지만 의학적으로는 '질병'이다

사회복지적인 관점에서는 '개성'이라고 할 수 있으나, 그러나…… 의학적으로는 '질병'이다.

눈이 보이지 않는 사람에 대해서, 눈이 보이지 않는 것을 '개성'이라고는 하지 않는다. 아스퍼거 증후군은 태어날 때부터 뇌기능이 한쪽으로 치우쳐 있는 '발달장애'라는 질병이다.

질병으로 파악함으로써 적절한 '치료'나 '교육'을 할 수 있게 되고, 본인의 '편안한 삶'으로 이어진다.

아스퍼거 증후군과
'범죄'와의 관계

최근 소년 범죄의 가해자에게 아스퍼거 증후군이란 진단이 내려진 예가 잇달아 있었습니다만, 실제로는 범죄 피해자가 되는 예가 더 많습니다.

  '아스퍼거 증후군'이 일본에 알려지게 된 계기 중 하나로, 최근 발생되고 있는 흉악한 소년범죄 가해자에게 이 진단명이 내려진 예가 있었습니다.

  아스퍼거 증후군이라는 질환이 흉악 범죄의 원흉이라도 되는 것처럼 잘못 보도되면서, 커다란 오해를 불러일으키고 있습니다. 실제로 아스퍼거 증후군인 사람이 범죄를 일으키기 쉽다는 자료는 없으며, 범죄를 일으킨 사례를 조사해 보면, 세상사를 잘 이해하지 못해서 일으키게 된 경미한 범죄가 대부분이라고 할 수 있습니다.

  역으로, 그 종잡을 수 없는 행동으로 인해서 집단 따돌림을 당하기도 하고, 상대방의 의도를 이해하지 못해서 범죄 피해자가 되어 버리는 경우가 더 많습니다. 중대 범죄의 그늘에는 불운한 가족관계나 주변의 몰이해 등 복잡한 배경이 있다는 것을 잊어서는 안됩니다.

아스퍼거 증후군인 사람은 가해자보다도 피해자가 되기 쉽다

아스퍼거 증후군인 사람에 의한 범죄는 실제로는 적다

최근 일본에서는 발생되고 있는 흉악한 소년 범죄의 가해자에게, '아스퍼거 증후군' 진단명이 내려지는 일이 이어지며, 아스퍼거 증후군인 사람은 흉악 범죄를 일으키기 쉽다라는 오해를 초래하고 있다.

그러나, 아스퍼거 증후군의 범죄율은 감별소나 소년원 중에서도 2%정도라고 되어 있다. 그들의 범죄 내용은 세상의 구조를 잘 이해할 수 없어서 일어난 경미한 범죄가 압도적인 다수를 차지한다.

범죄 가해자보다 범죄 피해자가 되는 쪽이 많다

아스퍼거 증후군인 사람은 그 종잡을수 없는 언행 때문에, 집단 따돌림을 당하거나 상대방의 의도를 이해하지 못해서 '범죄 피해자'가 되어 버리는 쪽이 많다.

이제부터 '자신'이 할 수 있는 것~
'오해'를 받지 않는 행동이란?

아스퍼거 증후군은 선천적인 것이지만, 도와주는 사람들을 의지해서 사회적인 기술을 몸에 익히면, 삶의 어려움이 확실하게 경감됩니다.

아스퍼거 증후군인 사람은 태어나면서 뇌기능이 한쪽으로 치우쳐 있어서, 어렸을 때부터 괴롭거나 아주 힘든 일을 겪으면서 살아왔습니다.

그것은 물론 본인 탓이 아닙니다. 그러나 본인 스스로가 아스퍼거 증후군을 충분히 이해하는 것도 매우 중요한 일이라고 할 수 있습니다. 예를 들어, 자신은 이상하다고 생각하지 않는 말투가 주변에서는 기이하게 보이기도 하고, 인사를 하지 않아서 상대방을 화나게 해버리는 경우도 있습니다.

그러나, 문제는 아스퍼거 증후군인 사람은 그러한 주위의 이목을 눈치채지 못한다는 점입니다. 자신의 행동을 바꾸어가기 위해서는 본인의 자각이나 노력에 더해서 '적절한 지원'을 받을 필요가 있습니다.

주변 사람들이 자신의 일을 왜 이상하게 느끼는 가를 가족이나 친구, 낮병원 센타 직원 등 도와주는 사람들을 통해서 객관적으로 이해하면서 대처방법을 습득해야 합니다.

상대방의 오해를 불러 일으키지 않는 '기술'을 몸에 익힌다

- 말투는 이상하지 않았는지?
- 인사는 제대로 했는지?
- 화제는 자신에게만 관심있는 내용이 아니었는지?
- 차림새는 단정한지?
- 그 상황에 맞는 표정을 짓고 있는지?

이런 것을 알아차리기 위해서는 주위에 도와주는 조력자의 존재가 반드시 필요!

Point 아스퍼거 증후군이라는 것 때문에, 스스로를 책망할 필요는 없다. 그러나 정상적으로 발달한 사람과의 차이를 도와주는 사람들을 의지해서 객관적으로 인식하고, 자신의 어떠한 행동이 오해를 불러 일으키기 쉬운가를 아는 것은 매우 중요하다. 혼자서 괴로워하지 말고 우선 주위의 도와주는 사람들에게 상담하는 것이 좋다.

주변 사람에게 오해를 불러 일으키지 않는 '대화방식'을 익히자

아스퍼거 증후군에서는 '아나운서와 같은 단조로운 발음', '자신이 흥미를 가지고 있는 일에 열중한다', '지나치게 정직한 발언' 등이 문제가 됩니다.

  아스퍼거 증후군인 사람이, 주위 사람들에게 '좀 별나네'라고 인식되는 원인 중 하나로, 그 독특한 대화방식이 있습니다.
  구체적으로는, '억양이 없는 감정이 깃들지 않은 대화방식', '자신이 흥미를 가지고 있는 일에 대해 일방적으로 계속 이야기하고', '악의는 없지만 지나치게 솔직한 발언이 상대방에게 상처를 주며', '비유나 예를 들어서 설명하면 이해하지 못한다' 등의 문제가 있습니다. 대화가 어긋나는 일로, 점점 더 의사소통이 소원하게 됩니다. 따라서 고립되지 않기 위해서도 오해를 불러일으키지 않는 대화방식을 익히는 것은 매우 중요합니다.
  의미를 잘 모를 때는 솔직하게 물어보고, 지나치게 정직한 발언이 상대방에게 상처를 주었을 때는, 다른 표현방법은 없었는지 생각해 보도록 합니다. 대화가 자신에게만 관심있는 내용은 아닌지 주의를 기울이는 것도 중요합니다. 주변을 잘 관찰함으로서 오해를 불러일으키지 않는 대화방식을 익혀가는 것이 가능합니다.

대화 방식 · 내용 · 상대에게 상처를 주지 않는 것 등에 주의

대화 방식에 대해서도 좋은 도우미를 찾는 것이 중요

아스퍼거 증후군 특유의 '대화방식'

- 단조롭고 감정이 깃들지 않은 대화방식
- 흥미가 있는 일에는 일방적으로 이야기를 계속해 간다
- 갑자기 화제를 바꿔버린다
- 그 상황의 분위기를 읽지 못한다
- 지나치게 정직한 발언이 상대방에게 상처를 입힌다
- 비유나 예를 들어 얘기하면 이해를 못한다

'의미를 이해할 수 없을 때는 솔직하게 묻는다'
'자신의 발언이 상대방에게 상처를 주었다면, 다른 표현을 생각한다'
'상대방의 대화를 이끌어 낼 수 있는 예, 아니오가 아닌 질문을 한다'

도우미의 도움으로, 오해를 불러 일으키지 않는 대화방식을 익힌다.

'사회인'으로서 적합한 '복장' 이란?

아스퍼거 증후군인 사람의 피부 감각은 굉장히 민감합니다. 그 때문에 목욕이나 옷 갈아 입는 것을 싫어해서 결과적으로 단정하지 못한 복장이 되어버리는 경우가 있습니다.

 아스퍼거 증후군 중에는 목욕이나 옷 갈아 입는 것을 굉장히 싫어하는 사람이 꽤 있습니다. 얼핏보면 차림새에 신경을 쓰지 않는 것처럼 느껴지겠지만, 그것은 독특한 피부 감각과 관계가 있습니다.
 아스퍼거 증후군인 사람은 정상적으로 발달한 사람과는 다른 지각을 가지고 있는데 그것은 피부감각에 관해서도 마찬가지입니다. 목욕할 때 비누를 몸에 묻히는 느낌이 '기분 나쁘다', '샴푸를 머리에 묻히는 것이 불쾌하다', '새 옷을 입을 때 소매를 통할 때의 자극이 불쾌하다'……등을 느끼고 있기 때문입니다.
 그러나 옷차림을 단정히 하지 않으면, 주변 사람들에게 단정하지 못한 사람이란 인상을 줍니다. 그것은 사회 생활을 하는 데에 있어서 아주 커다란 단점으로 작용합니다. 목욕을 하지 않으면 불결하게 되어서 병을 초래하게 되거나, 더러워진 옷이나 악취 등은 주변 사람들이 불결하게 느낀다는 것을 이해하도록 합시다. '옷은 하루 걸러서 갈아 입기' 등을 정해놓으면 좋겠죠.

옷을 갈아 입거나 목욕하는 것을 생활 패턴에 넣어둔다

아스퍼거 증후군인 사람은 민감한 피부감각을 가지고 있기 때문에 '비누를 몸에 묻히는 느낌이 기분나쁘다', '새 옷을 입었을 때 그 자극이 불쾌하다' 라는 이유로 목욕이나 옷을 갈아 입는 것을 싫어하는 경향이 있다.
그러나 옷차림을 단정히 하지 않으면 주변사람들에게 '단정하지 못한 사람' 으로 비추어서 인상이 나빠진다.

Point 사회인답게 옷차림을 단정히 하는 비결은, '옷은 하루 걸러서 갈아입기', '화·수·금요일에는 목욕하기' 등 '정해진 규칙' 으로써 생활 패턴 속에 넣어두면 좋습니다. 정해진 규칙으로 하면 그 규칙에 따라서 행동할 수 있기 때문에 심리적인 부담도 줄어든다.

자신이 '잘하는 분야'를 깊이 연구해서 '긍정적인 면'으로 연결한다

아스퍼거 증후군인 사람은 서투른 부분이 있는 반면, 흥미가 있는 분야에서는 높은 지식을 가질 수 있는 훌륭한 면이 있습니다.

아스퍼거 증후군의 특징인 '흥미의 폭이 좁고 깊다'라는 것은 '얽매임이 심하다'라는 부정적인 면으로서 파악해 버리는 경우가 있습니다. 흥미의 폭이 좁기 때문에 주변사람들과 화제가 맞지 않아서, 타인과의 의사소통에 더욱 겁을 먹게 되어 버리는 일도 확실히 있을지도 모릅니다.

그러나, 그것을 뒤집어보면 '잘하는 분야에는 굉장히 강하다'는 훌륭한 면이 된다는 것을 꼭 깨달았으면 합니다. '어렸을 때 누구도 알지 못하는 곤충이나 동물 이름을 모조리 기억하고 있었다', '물고기 이름은 뭐든지 알고 있었다' 등의 특성을 보이는 아이도 드물지 않습니다. 그 때문에, 아스퍼거 증후군인 아이는 '천재성'이 있다고 일컬어지는 경우가 꽤 있습니다.

자신이 잘한다고 생각하는 분야에 대해서 깊이 있게 공부하는 것은 대단히 좋은 일입니다. 사회에 나가서는 자신을 가지고 잘하는 면을 장점으로 연결하도록 합시다.

특성을 부정적인 면으로 보지 말고 '잘하는 분야'로 생각하자

'흥미의 폭이 좁고 깊다'라고 부정적으로 보면………

주변 사람들과 화제가 맞지 않아서 고립되어 버린다

'잘하는 분야에서는 굉장히 강하다'라고 긍정적으로 보면……

잘하는 면을 살린 직업을 구해서 재능을 발휘할 수 있다

누구도 알지 못하는 곤충이나 동물 이름을 모조리 기억하고 있었다

물고기 이름은 뭐든지 알고 있었다

한자박사!

아스퍼거 증후군인 아이는 '천재성'이 있다고 하는 경우가 꽤 있다

'생활 공간'을 말끔히 정리하여
'혼란'을 막는다

아스퍼거 증후군인 사람은 어수선한 환경을 매우 싫어합니다. 생활 환경을 단순화하여 혼란을 피해야 합니다.

아스퍼거 증후군인 사람은 '선택적 주의집중'이 서투르기 때문에, 어수선한 환경에서는 혼란스러워하는 경향이 있습니다. 자신에게 불필요한 정보를 거르는 일이 어려우므로, 어수선한 환경에서는 눈이나 귀를 통해 들어오는 정보가 지나치게 많아서 무엇을 하면 좋을지 모르게 되곤 합니다.

그래서, 아스퍼거 증후군인 사람이나 가족에게 추천하고 싶은 것이 생활 공간을 간단하게 정리하는 일입니다.

예를 들어, 일을 하는 책상 위에는 일에 관련된 물건 만을 놓고, 일과 상관없는 책이나 사진, 잡지 등은 올려놓지 않도록 합니다. 또한, 책을 읽는 공간, 취미에 대한 것을 조사하는 공간 등으로, 가능하면 가리개를 사용하여 공간을 나눕니다. 이것은 '**구조화**'라고 하여 자폐 스펙트럼장애의 치료와 교육에 실제로 사용되고 있는 방법입니다.

단순한 공간이 지각의 혼란을 막아준다

아스퍼거 증후군인 사람은 '선택적 주의' 집중이 어렵다

⬇

복잡한 환경에서는 눈이나 귀를 통해 들어오는 정보가 너무 많아서 혼란스러워한다!

'나의 공간'을 만든다, 작업에 따라 장소를 나눈다,
필요한 정보는 나눠서 단순화시킨다.
한번에 여러 개의 정보가 흘러나오게 하지 않는다.
스케줄은 시각화하여 명확하게…… 등

이것을 **구조화**라고 한다.

Point 구조화는 자폐 스펙트럼장애의 치료와 교육에 실제로 사용되고 있는 방법이다.

'발달장애'를
'기술'로 도우려는 시도

아스퍼거 증후군을 포함한 '발달장애'의 '곤란감'을 테크놀로지를 이용하여 경감하려는 시도가 이뤄지고 있습니다.

아스퍼거 증후군을 포함한 '발달장애'에 대한 이해를 높이는 일은 중요합니다만, 사회 전체의 이해를 기다리는 것만으로는 아스퍼거 증후군인 사람이 직면한 문제를 '지금 즉시' 해결할 수 없습니다.

그러한 가운데, 다양한 기술을 이용하여 '곤란감'을 감소시키려는 시도가 이뤄지고 있습니다. 예를 들어, '전체상을 파악하는 것이 어렵다'고 하는 아스퍼거 증후군의 특성에 대하여 '마인드 맵'이라는 그림을 그리는 방법이 있습니다.

이것은 하나의 개념에 관련된 가지와 잎을 일러스트나 사진을 섞어 도식화함으로 전체상의 이미지를 돕는 방법입니다. 알고 있는 부분의 가지와 잎은 많지만, 그렇지 않은 부분은 빈약한 상태인 그림을 보게 됨으로 무엇이 부족한지를 파악하기 쉽게 됩니다. 이것은 개인 컴퓨터 소프트웨어로도 나와 있습니다. 또한, '아우트라인 에디터'라고 하는 소프트웨어는 문장의 구성에 도움이 됩니다.

개인 컴퓨터 소프트웨어 등을 사용하여 '곤란감'을 제거한다

사회 전체가 아스퍼거 증후군을 이해하는 일은 중요하다. 그러나 그것을 기다리는 것만으로는 아스퍼거 증후군인 사람이 직면한 문제를 '지금 즉시' 해결할 수 없다.

그러한 가운데……

'기술'을 이용하여 '곤란감'을 줄이려는 시도가 시작되고 있다!

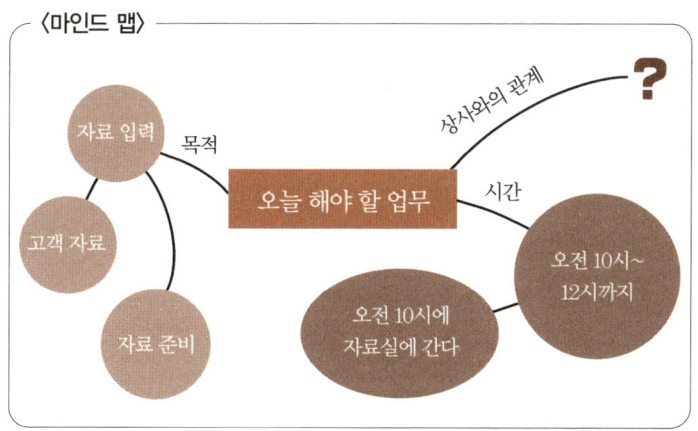

〈마인드 맵〉

Point 중심에 주제를 쓰고 거기서부터 가지를 붙여 전체상을 파악한다. 이 경우, '목적' 부분에는 가지가 많이 붙어 있지만, '상사와의 관계'에는 가지가 없다. 가지가 없는 부분을 채워가면 전체상을 파악할 수 있다.

개인 컴퓨터, 휴대전화 또는 이메일이 '곤란감'을 해소시킨다?

기술 발전을 이용한 또 다른 방법에 전자메일이나 개인 컴퓨터의 채팅을 활용하는 방법도 있습니다.

아스퍼거 증후군인 사람에게는 대인 의사소통의 장애가 있습니다. 얼굴을 마주보고 이야기를 하면 '상대의 표정을 읽을 수 없다'거나 '비유를 이해하지 못하겠다'라고 하는 문제가 신뢰 관계를 잃게 하는 원인이 되기도 합니다.

그런 점에서 개인 컴퓨터나 문자 메시지는 직접 얼굴을 대하지 않는 만큼, 아스퍼거 증후군인 사람에게 불필요한 신경을 쓰게 하지 않는다는 이점이 있습니다. 또한, 이야기의 내용이 명확히 문장화되어 있으면 자신이 상대방의 의도를 오해하는 일도, 상대방에게 부적절한 표정을 보이거나 자주 되묻는 일도 없어지기 때문에 오해를 받는 일도 줄어들게 됩니다.

메일 외에도 채팅을 이용하여 대인 의사소통이 가능하게 된 사람도 있습니다. 지금까지 누구와도 의사소통을 할 수 없다고 생각하고 있던 사람이 채팅을 주고 받음으로서 고독감으로부터 해방된 사례도 있습니다.

문장에 의한 의사소통으로 잘 된 경우가 많다

아스퍼거 증후군인 사람은……

상대방의 표정을 읽지 못한다

비유가 잘 이해되지 않는다

단어의 속뜻을 읽지 못한다

얼굴을 마주하면 서로 오해를 불러 일으켜 인간관계가 원활하게 이뤄지지 않는 문제가 일어나기 쉽다!

현실 사회에서는 의사소통을 잘 할 수 없던 사람이 채팅을 주고 받음으로 고독감으로부터 해방된 사례도 있다.

Point 개인 컴퓨터나 문자 메시지, 채팅 등은 직접 얼굴을 마주하지 않는 만큼, 아스퍼거 증후군인 사람에게 불필요한 신경을 쓰게 하지 않는다는 이점이 있다.

'나를 따르라'는 이야기를 들어도 따라갈 수 없다

'나를 따르라'고 하는 타입의 상사에게는 사실 맞춰갈 수 없습니다. 아스퍼거 증후군을 이해하려는 노력이 필요합니다.

아스퍼거 증후군인 사람이 직장에서 겪는 어려움은 잘 하지 못하는 분야와 잘하는 분야가 확연히 구분되어 있다는 점입니다. 잘 못하는 분야는 본인 탓이 아니고 뇌기능 편향이 원인이므로, 스스로의 의지로 고칠 수 있는 것이 아닙니다.

그래서, 고지식한 기질을 가진 '내가 처음부터 바로 잡겠다, 나를 따르라'고 말하는 상사가 가까이 있으면 매우 심각한 스트레스를 받게 됩니다. 상대방은 잘 되라고 생각해서 교육하는 것이어도 아스퍼거 증후군의 특성상 아무리 해도 능숙하게 되지 않는 일이 있습니다.

또한, 본인도 노력이 부족해서라고 자책하기 쉬워서 우울증이나 불안장애 등을 일으키는 원인이 될 수 있습니다. 불행한 오해를 초래하지 않기 위해서도 우선은 자신의 특성을 잘 알아야 합니다. 게다가, 가족 등 본인의 장애를 잘 알고 있는 사람에게 중재를 부탁하여 직장에서의 이해를 구하는 것도 중요합니다.

서투른 분야는 '교육적 지도'를 통해 고쳐지는 것이 아니다

아스퍼거 증후군인 사람은 뇌의 특성상 잘하는 분야와 잘하지 못하는 분야가 확연히 구분된다.

'교육'을 통해서도 서투른 분야를 잘하는 분야로 변화시킬 수는 없다

'나를 따르라'고 하는 타입의 상사에게는 맞추지 못하는 것이 현실

> Point 서로의 오해가 원인이 되어 우울증이나 불안장애 등을 일으키기 전에 가족 등 본인의 장애를 잘 알고 있는 사람에게 중재를 부탁하여 직장에서의 이해를 구하는 것이 중요함.

'삶의 어려움'을 경감시키기 위해서
'사회'가 할 수 있는 일

아스퍼거 증후군인 사람이 '삶의 어려움'을 느끼지 않고 살아갈 수 있는 사회가 지금 절실합니다.

근래, '아스퍼거 증후군'에 대한 인식이 높아지고 있는 것은 사실입니다만, 아직도 그 장애가 사회 전체에 받아들여지고 있지 않습니다. 실제로 '사람의 눈을 보고 말하지 못한다', '어딘가 대화가 맞지 않는다', '실례되는 발언을 한다', '분위기를 읽지 못한다', '자신에게 흥미 있는 화제만 이야기한다'라고 하는 사람이 가까이 있다면 곤혹스럽지 않을까요?

그러나, 정말로 곤란한 쪽은 아스퍼거 증후군인 사람입니다. 자폐 장애와 유사한 '뇌기능 편향'이라는 장애를 가지면서도 지적장애가 아닌 이유로 정상적으로 발달한 사람과 똑같은 생활방식을 어떤 의미에서는 '강요당하고' 있는 것입니다. 사회는 아스퍼거 증후군에 대해 더 이해할 필요가 있습니다.

다리에 장애가 있는 사람이 휠체어를 사용하여 이동하는 것처럼, 아스퍼거 증후군인 사람을 극히 자연스럽게 받아들이는 사회를 만드는 것이 지금 필요합니다.

특유의 증상을 수용할 수 있는 '풍요로운 사회'를 만들기

- 사람의 눈을 보고 이야기하지 않는 것은 이상해……
- 어딘지 대화가 맞지 않는다
- 그 사람은 분위기 파악을 못해
- 실례되는 발언을 너무 많이 해서 싫은 사람이야
- 자신에게 흥미 있는 화제만 이야기해서 곤혹스러워

※ 아스퍼거 증후군이 사회 전체에 알려져 있다고 말하기는 아직 어렵다.

'주위 사람에게 이해 받지 못하고 곤란해하는 쪽은 아스퍼거 증후군인 사람'이라는 인식을 사회 전체가 가져야 한다.
아스퍼거 증후군인 사람은 '뇌기능 편향'이라는 장애를 가지면서도 지적장애가 없기 때문에 정상적인 사람과 똑같은 생활 방식을 '강요 당하고' 있다.

아스퍼거 증후군인 사람을 극히 자연스럽게 받아들일 수 있는 사회를 만드는 것이 절실하다

의료 제도를 활용하여 '고용'의 길을 열다
'자립지원 의료', '정신장애인 보건복지수첩'

삶의 고통을 안고 매일 매일을 살아가고 있는 아스퍼거 증후군인 사람에 대해 최근에서야 다양한 법률적 지원이 진행되고 있습니다.

   삶의 고통을 안고 있는 아스퍼거 증후군인 사람에 대하여 다양한 법률을 적용하려는 움직임이 최근에 진행되고 있습니다.

   예를 들어, 자립지원 의료제도에 의해 외래 의료비나 낮병원의 자기부담이 저렴하게 되었습니다. 또한, 환자의 상담에서 가장 많은 것은 '취업'의 문제입니다. 이 문제를 해결할 한가지 수단으로 '정신장애인' 범위에 포함하는 방법도 있습니다. '장애인고용 촉진법'에 의해 민간 기업이나 관공서에서는 장애인을 고용해야 할 의무가 부과되었습니다.

   이러한 제도를 실제로 이용할지 어떨지는 상황 나름입니다만, 지원을 받을 수 있는 입장이 됨으로써 어려움이 해결될 수도 있습니다. 병원에는 의사 외에 생활에 대한 상담을 해 주는 '정신보건 전문요원'이라는 전문가가 있습니다. 곤란함을 겪고 있는 경우에는 혼자서 고민하지 말고 우선 상담을 받는 것이 중요합니다.

아스퍼거 증후군에 관련된 다양한 사회제도

지금까지 일본에서는 신체장애, 지적장애, 정신장애에 대해 개별적으로 자립지원을 시행해 왔지만, 아스퍼거 증후군을 비롯한 '지적장애가 없는 발달장애'는 이 범위에서 제외되어 왔다. 그러나, 2005년의 발달장애인 지원법의 시행을 시작으로 법률적인 재평가가 진행되어 아래와 같은 제도를 이용할 수 있게 되었다.

'자립지원의료'
입원하지 않고 시행되는 의료(외래·조제·낮병원·방문 간호 등)를 대상으로 자기부담금이 감소 되는 제도

'장애연금제도' *
현재 가입되어 있는 연금제도에 근거하여 장애의 정도에 따라 지급되는 연금. 엄격한 수급 조건이 있다.

'정신장애인 보건복지수첩' *
1~3급이 있으며 각종 세금 우대조치·교통기관 요금 할인 등을 받을 수 있다. 또한, 장애인 고용률제도에 의해 장애인 제한의 고용을 받을 수 있다. '장애를 드러낸 상태에서의 취업'이 되지만, 부담이 별로 안 되는 일을 하는 등의 장점이 크다고 생각된다.

Point 이러한 제도의 실제 이용 여부와는 상관없이, 공공 지원을 받을 수 있게 된 것은 알고 있는 편이 좋다. 제도의 이용에는 신청서나 의사의 진단서 등이 필요하다. 또한, 장애인 고용률 제도에 대해서는 장애인 수첩을 가지고 있어야 한다는 것이 조건이 된다. 우선은 자주 가는 병원의 정신보건 사회복지사나 관공서의 복지과 민원 창구에 상담을 해야 한다.

※ 역자 주: 우리나라에도 유사한 제도가 존재하고 있으나, 아직 지적 장애를 동반하지 않은 아스퍼거 증후군에는 소수 기능이 매우 저하됨을 증명할 수 있는 환자에게만 적용이 가능한 상태입니다.

'뇌과학'으로
아스퍼거 증후군의 '미래'를 연다

아스퍼거 증후군인 사람들은 우수한 면을 많이 지니고 있습니다. 뇌과학 연구로 아스퍼거 증후군인 사람이 살기 좋은 사회를 지향합니다.

아스퍼거 증후군인 사람은 매우 우수한 면을 지니고 있으면서도 사회성의 장애가 있는 탓에 고통스럽다는 생각을 하며 살아가고 있습니다. 저는 전문 분야인 뇌과학 연구를 계속함으로써 아스퍼거 증후군인 사람이 살기 좋은 사회를 만드는데 공헌하고 싶습니다.

미래에는 소아과 의사도 간단하게 다룰 수 있는 뇌기능 검사 기기를 만들어, 1세 반 유아 검진이나 3세 유아 검진 등의 초기 단계에서 아스퍼거 증후군을 발견할 수 있다면…… 하는 생각을 갖고 있습니다. 조기에 아스퍼거 증후군이라는 것을 알게 된다면 그에 따른 치료와 교육 프로그램을 받을 수 있게 되어, 사춘기의 집단 따돌림이나 청년기의 사회 부적응에 고민하는 일도 적어질 것입니다.

아스퍼거 증후군인 사람은 특성에 맞는 직업을 구하면, 사회에 크게 공헌할 우수한 사람들입니다. 뇌과학은 그 미래를 실현하는 데 도움이 될 것입니다.

'뇌과학'으로 조기 발견하여 '삶의 어려움'을 줄인다

아스퍼거 증후군

우수한 특성을 잘 살리면 매우 우수한 사람임 사회성의 장애가 그 능력을 막아 버린다

뇌과학의 연구를 추진하여 아스퍼거 증후군인 사람이 살기 좋은 사회를 만드는데 공헌!

예를 들면……

소아과 의사라도 간단하게 다룰 수 있는 뇌기능검사 기기를 만들어, 1세 반 유아 검진이나 3세 유아 검진 등의 초기 단계에서 아스퍼거 증후군을 발견함으로써 적절한 치료와 교육을 실시한다. 사춘기의 집단 따돌림이나 청년기의 사회 부적응을 막을 수 있게 된다.

아스퍼거 증후군인 사람은 사회에 크게 공헌할 수 있는 가능성을 지닌 우수한 사람들이다.
뇌과학 연구의 발달에 의해 그들의 미래를 개척하는데 일조할 수 있을 것이라 기대한다.

어른들을 위한 아스퍼거 증후근

초판 1쇄 인쇄 : 2012년 3월 5일
초판 1쇄 발행 : 2012년 3월 9일

지은이 : 가토 노부마사
옮긴이 : 김예니
펴낸이 : 박연
펴낸곳 : 도서출판 한결미디어
등록일자 : 2006년 7월 24일
등록번호 : 제 313-2006-000152호
주소 : 서울 마포구 성산동 133-3 한올빌딩 6층
대표전화 : 02 · 704 · 3331
팩스 : 02 · 704 · 3360

ISBN 978-89-93151-39-8 03180
ⓒ한결미디어

잘못 만들어진 책은 구입처나 본사에서 교환해드립니다.
책값은 뒤표지에 있습니다